The Power of MÔSÔ MIND

妄想力

答えのない世界を突き進むための最強仕事術

田中安人
YASUHITO TANAKA

もう‐そう【妄想】（マウサウ）

［名］（スル）《古くは「もうぞう」とも》

1 根拠もなくあれこれと想像を巡らせること。また、その想像。

2 仏教で、とらわれの心により、真実でないものを真実だと誤って考えること。また、その誤った考え。

3 根拠のないあり得ない内容なのに、確信を持ち、事実や論理によって容易に訂正されることがない主観的な信念や想像。

目次

PART 3 妄想力とあなたの人生

はじめに

妄想力が、人生をたくましくする。

1997年12月19日、僕の新卒からの勤務先が会社更生法の適用を申請し、事実上倒産した。その会社は、世界15カ国で百貨店などを展開していたヤオハングループの中核会社、ヤオハンジャパンだ。静岡県熱海市の八百屋から世界的なチェーンストアに成長し、最盛期の売上高はグループ全体で年間5000億円を超えていた。入社9年目の冬だった。

これだけの規模を誇る東証一部上場企業が倒産するなんて、当時の日本ではほとんど誰も思っていなかった。ところがここから、数多くの大企業が倒れ始めた。三洋証券、大同コンクリート工業、東食、そして山一證券、北海道拓殖銀行、日本長期信用銀行、日本債券信用銀行の破綻には誰もが驚いた。頑張っていい大学を出て、大企業に就職したら人生の安泰が約束されていた時代が、音をたてて崩れ始めた。

ヤオハンジャパンの経営がおかしくなってから倒産するまでの3年間、僕は経営企画室にいて、企業という生命体が死んでいくさまを内部から見つめ続けた。その間、毎月数多くの先輩や後輩たちが辞めていった。若い人たちは次の会社へ旅立っていったが、年配の先輩社員の中には未来に絶望して無気力になる人、現在置かれている状況がいまだに信じられず立ち止まったままの人もいた。すべての社員の行き先が決まるまで、僕は会社の真ん中で苦闘した。

給料は天から降ってくると思っていた

僕は若輩者だったが、世界中の社員を守りたいと思い、なんとか会社を更生させるべく、寝食を忘れて駆け回っていた。毎日が苦しい闘いだった。出口の見えないトンネルの中を、再建の可能性を求めて模索し続けたが、会社が復活することはなかった。

会社が倒産した日のことを、今でも鮮明に覚えている。

　まず、僕は大きな勘違いをしていたことに気づかされた。自分は人生の勝ち組にいて、給料は毎月、確実に天から降ってくる。無邪気にもそう思い込んでいた。それがまったくの幻想だったことを嫌というほど思い知らされた。

　だが、絶望的な状況に置かれた自分を冷静に俯瞰する「もう一人の自分」もいた。

「こんな経験、なかなかできないんじゃないか」

　幻想が吹き飛び、目の前にあった道が突然なくなって絶望しているはずなのに、なぜか、新しいゲームが始まるときのようなドキドキした気持ちが芽生えているのを感じた。

　この感覚は、以前にも経験したことがある。ロッカールームから暗い廊下に出て、身震いをしながら階段を駆け上がると、目の前が突然パッと明るくなり、大きなグラウンドが現れる――そんなイメージがわいた。僕は大学時代、体育会ラグビー部に所属し、日々練習に明け暮れた。かつて自分の青春のすべてをささげたラグビーの試合前の高揚感がよみがえった。

「やってやる！」

あのときと同じ感覚だった。

妄想は未来に進む力になる

そして、自分のこれからを、何の根拠もなく妄想した。やりたいことが次から次へと、イメージとして頭の中にわいてきた。本当に何の根拠もなく。

苦しさや修羅場の中でこそ、それに正面から向き合い格闘すれば、つらいけれど人は大きく成長する。そして、絶望に打ちひしがれた暗黒の中でこそ、妄想は未来に進む力になる。一筋の光さえ感じられない漆黒の夜であっても、明けない夜はないのだ。僕の妄想は苦しみを凌駕してしまうほど強力で、生きる支えになった。今の僕は、当時の妄想の延長線上にいると思う。

もう一度言う。妄想は力だ。

PART 1

妄想力とは何か？

第1章

妄想力が世の中を変える

「ダイオウイカ天うどん、つくっちゃわない?」

まず写真を見てほしい。

映っているのは、街でよく見かける讃岐うどんチェーン「はなまるうどん」のお店だけれど、ちょっと待てよ。お店の入り口から、なにやら大きくはみ出している巨大な物体がある。なんじゃこりゃ?

天ぷら? 脚が反り返っている。ということは——巨大な「イカ天」だ!

エイプリルフール“ダイオウイカ天発売”

ECD：小西利行（POOL inc.）、是永聡（POOL inc.）CD：小林麻衣子（POOL inc.）PL：滝瀬玲子（POOL inc.）、大垣裕美（POOL inc.）、竹田芳幸（POOL inc.）AD：宮内賢治（POOL inc.）、高岡尚司 PL+WEB Dir：山中啓司 Pr：住本宣子 撮影：平松岳大 Production：1→10design,Inc.、C'、Digni Photography Inc. Agency：POOL inc. Clinet：株式会社はなまる

＊所属会社などは制作当時

「体長18メートルのダイオウイカを丸ごと天ぷらにして発売――」

2013年4月1日、こんな仰天ニュースがネットを駆け巡った。

この日付を見て、もうお気づきの方も多いことだろう。このニュースは、「はなまるうどん」がウソをついても許される日であるエイプリルフールに発した渾身の「ネタ」だった。

実はこの年の1月、NHKが「世界初撮影！　深海の超巨大イカ」と題して、NHKスペシャルでダイオウイカを大々的に取り上げた。ダイオウイカは「深海で生きた姿を見た者は誰もいない」「地球の海・最後のミステリー」と言われていた幻の巨大生物。それをNHKの撮影班が科学者の国際チームと協力して初めて撮影に成功した。歴史的快挙の特ダネだった。小笠原諸島を舞台に、最新鋭の潜水艇2隻で1000メートルの深海に潜航し、100回に及ぶダイブの末、撮影の成功にこぎ着けたという。

放映後の反響はすさまじく、私もこの番組を見て興奮した日本国民のひとりだった。圧巻は、天敵のマッコウクジラと戦うシーン。手に汗握るほどのすごい迫力だった。

この番組は、16・８％の高視聴率を記録し、世間ではこの謎に満ちた伝説の怪物がちょっとしたブームになっていた。

当時、ソーシャルネットワークで幅を利かせていた電子掲示板サイト「2ちゃんねる」でも、トレンドとして大いに盛り上がっていた。

何しろ、インパクトが半端ない。

妄想モーメント

この強烈なインパクト、何かに使えないか？

僕は、自分で立ち上げたグリッドという小さな会社のＣＥＯだ。事業内容は、クライアントの企業に対して経営戦略の立案サポートやマーケティングなどのコンサルティングなどを提供している。一言でいえば、マーケターである。

おかげさまで、様々な企業や団体と取引をさせてもらっているが、中でも、はなまるうどんとは20年近く特別な関係が続いている。

うどんの本場、香川県高松市で創業したはなまるうどんが、吉野家のグループ会社になったのは、２００６年のこと。これを機に、はなまるうどんの経営企画室長だった河村泰貴氏が社長に就任し、それまで広告代理店としてマーケティングを手伝っていた僕に声をかけてくれた。

「僕は、はなまるうどんに命を懸けている。田中さん、一緒に戦ってください」

そんな社長の心意気に打たれ、以来、僕は、株式会社はなまる（はなまるうどんの運営会社）のアドバイザー兼マーケティング部長を（社員ではなく、外部コンサルとして）務めることになった（２０１７年からは吉野家のＣＭＯ（チーフ・マーケティング・オフィサー）をさせてもらっている）。

ダイオウイカがブームになった２０１３年初め頃、はなまるうどんの知名度はまだまだ低かった。讃岐うどんブームに乗って全国への店舗展開を加速させ、２０１１年には店舗数が２００店を突破したものの、店の増加の割には売り上げが伸び悩み、じれったい状況だった。

この状況をなんとかすることが、僕に与えられたミッションだった。ただし、一つ大きな問題があった。宣伝予算がほとんどない。

簡単なミッションではないことがわかっているからこそ、僕は最高のチームをつくらなければと思った。そこで、売れっ子のアートディレクター、青木克憲さんを訪ねることにした。青木さんは、「キリンラガービール」のブランディングや読売ジャイアンツのエンブレムマーク、宇多田ヒカルさんのCDジャケットを手がけるなど、第一線で華々しく活躍されていた。

青木さんは、いわゆる友だちの友だちという関係だった。雑談をしたことはあったが、仕事をしたことはない。そもそも外食業界というのは、自動車とか化粧品とか家電などの業界と違って、宣伝予算はスズメの涙ほどしかない。当然、青木さんのような一流のクリエーターと仕事をすることなど夢のまた夢だ。

普通に考えていたら、青木さんが僕たちの仕事を引き受けてくれる可能性なんて1ミリもないと諦めてしまうだろう。

でも僕は、そういうふうには考えない。なぜなら、実際に本人に直接聞いてみるまで結果がどうなるかなんてわからない。

青木さんの事務所に連絡すると、会ってもらえることになった。

そして、僕は青木さんを前に、自分の思いを素直にぶつけることにした。

「正直、お金はありません。でも、社長も僕も、このはなまるうどんに命を懸けています。今は何の武器もないはなまるうどんですが、世の中の多くの人たちに好きになってもらうために、どうか一緒に闘ってもらえないでしょうか！　面白いこと、すごいことをしたいんです！」

かっこをつけたり、駆け引きしたりすることなく（そんな余裕はなかったというのもあるが）、土下座せんばかりの勢いで、内に秘めた思いを曝け出した。

すると、青木さんは笑ってこう言った。

「いいですね。やりましょうか！」

えっ、えっー。マジですかと、僕は心の中で叫んだ。

正直さ、素直さは、ときにとてつもないパワーを生み出す。僕は、諦めの悪さと正直さ、素直さでは、誰にも負ける気がしない。

のちに青木さんからは、こう言われた。

「普通はお金の話って、最後にするものじゃないですか。でも、田中さんは最初にきっぱり断言した。お金はありませんって。でも、面白いことをしたいという熱意が伝わってきたんですよ。なんかそれがよかったんですよね」

青木さんからは、素晴らしい「才能」も紹介してもらった。小西利行さんだ。小西さんは、ＣＭ制作から企業ブランディング、商品開発、ホテルプロデュース、都市開発まで手がける敏腕クリエーターで、主な仕事にサントリー「伊右衛門」「ザ・プレミアム・モルツ」などのＣＭや製品開発、「一風堂」の海外ブランディングなどがある。だが、２０１２年頃はまだブレイク寸前のところにいて、宣伝費のない僕たちでもぎりぎり仕事をお願いできるところにいらした。非常に頼れるメンバーが加わり、チームの士気は上がった。

クリエーターと僕の共闘が始まった。

「一緒に闘ってもらえませんか？」と持ちかけた共闘なのだから、僕はクライアント側に座ってジャッジする人間であってはならない。僕らはチームとしてあれこれと戦略を考え、定期的に社長にプレゼンテーション（提案）をした。

普通、僕たちコンサルは、クライアントからプロジェクトごとにオリエンテーションがあって、予算が提示され、その要望に応えるために予算にはまるプランを考え、プレゼンするものだ。コンペ形式で仕事を受注できるチームが決まるパターンもよくある。

でも、僕らのチームは違った。オリエンはない。というか、「はなまるうどんを売ってくれ」という言わずもがなの一貫したオリエンがある。コンペはない。契約上、僕は、はなまるうどんにとって外部の人間だが、就任当初から人事権と予算権を預けていただき組織図にも載せてもらった。パラレルワークの走りだったと思う。精神的には内部の人間として働いていたし、社長や幹部の人たちからも「身内」と思われていたと思う。

「予算ほぼなし、売り上げ2倍」のむちゃぶり

2012年秋、僕は当時の社長に呼ばれ、こう言われた。

「田中さん、宣伝予算はないけれど、売り上げを倍にしてください」

ついに、具体的かつ大変なミッションが与えられた。

店舗数は急拡大しているのに売り上げは停滞しており、確かに起爆剤が欲しいタイミングだった。しかし、予算は正直ほぼない。外食産業は価格に占める原材料費の割合が大きく、広告宣伝に予算を大きくかけられるのは、限られたメガブランドだけだ。

「社長、予算もなしに売り上げを2倍にするなんて、ウソでもつくしかないじゃないですか」

どうせなら、ばかげた超誇大広告を派手にぶち上げるなんてどうだろうか。けれども、広告予算がないという大きな壁にすぐ突き当たる。私とクリエイティブチームは頭を悩ませた。そんなとき、こんな考えが頭をよぎった。

妄想モーメント

ウソでもつくしかない……
あれ？　ウソをついていい日が1日だけあるぞ！

この発想が出発点だった。
そんな折、小西さんから「いっそ、ダイオウイカでイカ天つくっちゃわない？」という仰天プランが飛び出した。

面白そう！
やりたいね！
絶対いい！

クリエイティブチームの面々は沸き立った。
僕も、直感的に「これはすごいアイデアだ！」と思った。けれども、僕の立場は広告主のマーケティング部長である。ノリだけで突き進むワケにはいかない。盛り上がった状況から、すぐに現実に引き戻された。

普通のイカは食材としてごく一般的なものだが、ダイオウイカはそもそも食材ではない。食べたらひょっとしておいしいかもしれないけれど、「幻の怪物」と呼ばれている希少生物をイカ天にするなんて、架空の話（フィクション）であっても不謹慎なのではないか。しかも、予算がない中で、いい作品ができるのか。一度、マイナス思考にスイッチが入ると、心配事が次から次へと頭に浮かんでくる。

しかし、そんな心配が吹き飛んでしまうほど、現場のテンションは上がる一方だった。私も含め、クリエイティブチームの妄想はどんどん膨らんでいった。

ダイオウイカでイカ天をつくったら、何人前できるかな？

丸ごと天ぷらにしたら、店からはみ出ちゃうよね！

その熱量の高さが、僕の不安を打ち消していった。チーム一丸となって膨らんでいく妄想をもはや誰も止めることはできない。

これはいける。

企画がまとまっていくにつれ、期待は確信に変わっていった。

役員の反応は「ぽかーん」

僕たちは、『はなまるうどん「まるごとダイオウイカ天」新登場！』のエイプリルフール企画を仕上げ、ゴーサインを得るため、役員に集まってもらった。

この度肝を抜くような提案を聞いた役員たちの反応は、「ぽかーん」だった。

「面白そうだけどねえ」

役員たちは、こう言って互いに顔を見合わせ、苦笑いした。当然、「だけどねえ」のあとに続くのは、否定の言葉だ。こうして役員プレゼンは終わった。

しかし、1回で諦めるつもりはさらさらなかった。前にも言ったように、僕はめっぽう諦めの悪い人間だ。「諦めが悪い」というとネガティブな印象を持つ人が多いかもしれないが、僕はこれこそビジネスパーソンに絶対に必要な資質だと思っている。特に、本書で述べる「妄想力」を具現化させていくには不可欠な要素だ（不思議なことに、「諦めが悪い」というワードを「レジリエンス」や「グリット」という言葉に置き換えると、ネガティブな印象がなくなる）。

僕たちのチームは企画を修正して、2回目の役員プレゼンに臨んだ。しかし、賛同は得られなかった。再び企画を修正して、3回目の役員プレゼンへ。ここでも再び撃沈した。レジリエンスのある人でも2回却下されればたいてい諦めるところだが、僕は「頼むからもうこれ以上、提案しないでくれ」と言われるまで、再提案を続けるつもりだった。

そして迎えた4回目の役員プレゼンで、僕たちの提案は了承された。おそらくすべての役員が心の底から納得してくれたわけではなかったと思う。また、3回目と4回目のプレゼンで、それほど内容に大きな差は正直なかった。役員たちを動かしたのは、僕たちの熱量の高さだったのではないかと想像している。「3回却下されてもやりたいと言っているのだから、現場はよっぽどいい企画だと確信している」ということが伝わったのだ。

この経験で僕が面白いと思ったのは、「1、2回の却下」はマイナスの印象を与えるが、却下も3回以上になるとプラスの印象、つまり熱意の大きさを伝えられるということだ。営業経験が豊富な人なら、理解していただけると思う。

とにかく、僕たちのエイプリルフール・プロジェクトは、スタートを切ることができた。その日以降、企画案の実現に向け突き進んだ。完成したビジュアルには、次のコピーが記された。

栄養満点！　タウリン500万mg！
健康になりたい人に朗報！
まるごとダイオウイカ天　新登場！
㊥8万7000円　※1週間前までにご予約ください。
サイズ：18メートル（釣果により多少の誤差が生じます）

ダイオウイカ天のビジュアル完成！

ECD：小西利行（POOL inc.)、是永聡（POOL inc.）CD：小林麻衣子（POOL inc.）PL：滝瀬玲子（POOL inc.)、大垣裕美（POOL inc.)、竹田芳幸（POOL inc.）AD：宮内賢治（POOL inc.)、高岡尚司 PL+WEB Dir：山中啓司　Pr：住本宣子 撮影：平松岳大 Production：1→10design,Inc.、C'、Digni Photography Inc. Agency：POOL inc. Clinet：株式会社はなまる

＊所属会社などは制作当時

ばかばかしいけれど、面白いでしょう？

イカは、ビタミンEとタウリンが豊富で健康にいい食材だ。ダイオウイカの大きさは普通のイカの数百倍だから、とんでもない量のタウリンが含まれている（はずだ）。もちろん、そんな貴重な食材だから高価だ（といっても、大間のマグロほどではない）。

ここまで突き抜けてばかばかしいと、「希少な生き物を食材にたとえるなんてけしからん」と批判をする気も起きなくなるのではないだろうか。

予算がほとんどないのに、「エイプリルフールに世の中の人を驚かせよう！」と優秀なクリエーターたちが「面白がって」、ほとんど手弁当で集まってくれた。そのおかげで、非常にクオリティーの高いビジュアルを完成させることができた。

朝、目覚めたら大変なことになっていた！

2013年4月1日午前0時ジャスト、はなまるうどんのホームページでこのビジュアルを公開するようにセットした。「見た人が面白がってくれたらいいな」と思ってその日は眠りについた。が、翌朝、目覚めると、すごいことになっていた。まず、はなまるうどんのサーバーが、アクセス集中でダウンしていた。

メディアなどへの告知は特にしていなかった（エイプリルフールのウソを事前に告知するのは不自然と思ったし、カネもないし）。だから、そこまでの大きな反響があるとはまったく予想していなかった。調べてみたら、ビジュアルをアップして2時間でサーバーがダウンしていた。SNSなどでの拡散の力、おそるべし！

トラフィックが急増したのは、サーバーだけではない。

4月1日、朝10時の開店直後から、各店にお客様が殺到した。売り上げで見ると、このキャンペーンによって各店平均で前年同日比200％増、中には400％増の店もあった。

この企画は、関わったすべてのクリエーターが楽しみまくってつくったものである。遊び心満載につくられた細かい仕掛けを仕込んだりもした。例えば、ウェブページのソースコードに、アスキーアートでダイオウイカのキャラを潜ませた。そんなことをしても、普通の人は絶対に気づかない。ウェブサイトを表示したブラウザ上でマウスを右クリックして「ページのソースを表示」をさらにクリックすると、ソースコードが表示されるが、よほどの物好きじゃないとそんなことはしない。

だけど、ネット民は侮れない！　これに気づいた人がいて、どんどん拡散していった。誰も気づかないような細部にまでこだわっている（これは、飲食業では特に重要）ことが、大いに評判を高めた。

ウェブページのソースコードに
ダイオウイカを潜ませた

「はなまるうどんってなんか楽しそうだよね」

「そういえば、近くにあるよね」

「行ってみようか」

このエイプリルフール・キャンペーンで、はなまるうどんの認知度は飛躍的に向上し、若い層を中心に新規顧客が爆発的に増加した。

妄想から始まったこの戦略は大成功を収めた。社長からは「来年もよろしく！」とオファーを受けた。

「今回、渾身の企画を詰め込んだので、これ以上絞ってももう1滴も出ません！」と言いながら、また楽しいチームで楽しい悩みと闘った。2年目の「マグマあんかけうどん」については、またあとで。こちらもダイオウイカ以上にぶっ飛んでいるのでお楽しみに。

世の中の課題はなぜあるのか？

少し原理原則論について話そう。

世の中にはたくさんの課題があり、課題を解決して利益を上げ、成長していくことが企業の使命である。でも、ちょっと考えてみてほしい。

妄想モーメント

どうしてその課題が解決されずにそこにあるのか？

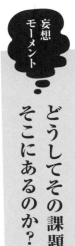

世の中には専門家と呼ばれる人がたくさんいる。しかし、その優秀な専門家をもってしても解決できないから、課題として持ち越されているのだ。

こう考えると、単なる専門知識では、世の中の課題は解決できないことがわかってくる。優秀さを超えるもっと強いパワー、専門家が想像もしなかったような視点や発想が難問の突破口となる。それが、妄想力だと僕は思う。

妄想のいいところは、思考の限界を軽く飛び越えていけるところだ。イメージとしては、妄想することによって、2次元（平面）の世界での限界を3次元（立体）的思考で一気に解決する感じだ。そのためには、課題の設定、つまり「だったらいいな」をものすごく明確かつシンプルにすることが欠かせない。

ダイオウイカ天の例で言えば、キャンペーンの目的は「消費者のブランド認知度を上げること」であり、これをもっと明確かつシンプルにすると、「うどん店と言えば、誰もがはなまるを真っ先に思い浮かべるようになるといいな」となる。

ところが優秀な人は、目的の設定を複雑にする傾向がある。複雑な目的には、複雑な答えしか出てこない。複雑な答えは世の中に伝わりにくく、なかなか理解されない。

はなまるうどんの例でも、課題を「外食業界でのポジショニングを明確にし、マーケティング・ミックスを効果的に活用する」「食欲や来店意欲を喚起するようなシズル感や臨場感でアピールする」と設定していたら、妄想が膨らむこともなく、2次元的発想に終始して強烈なインパクトはつくり出せなかったと思う。

誰かの妄想が、数年後の当たり前になる

妄想と聞くと自分とは無縁と感じる人もいるだろう。

でも、意外にそうじゃない。今日みんなが普通に利用している飛行機も、最初は「鳥のように空を飛びたい」という妄想から始まっている。ライト兄弟が世界で始めて有人動力飛行に成功したのは1903年のことだが、飛行実験に成功したあとも著名な科学者やメディアなどから「機械が飛ぶことは科学的に不可能」と批判を受けたという。

「馬じゃなくて、もっとずっと遠くまで走れるものがあったらな」という妄想が発展して、自動車や機関車も生まれた。「夜も明るければいいのに」「会いに行けないほど遠くの人とも話せたらいいのに」「家で映画を見ることができたらいいのに」。すべての発明の最初の入り口は妄想にあるといっても過言ではない。誰かの妄想をきっかけに、発明家や科学者、企業やチームが課題解決に乗り出し、イノベーションを起こし、今日の豊かで便利な世の中をつくっているのだ。

マイクロソフトを創業したビル・ゲイツは「すべての机の上と、すべての家庭にコンピューターがある世界」を、グーグルの創業者セルゲイ・ブリンは「個人がいかなる情報でも瞬時で得られる世界」を、ペイパルを創業したイーロン・マスクは「すべての金融サービスをまとめて提供する場がある世界」を妄想した。

彼らが妄想した世界はすでに現実化しており、最近では、この妄想から実現までのスピードがどんどん速くなっている。

映画『ハリーポッターと賢者の石』（日本では２００１年公開）では、主人公のハリーがホグワーツ魔法魔術学校の校内を歩くと、壁に飾られた肖像画の中の人物たちが生きているように動き、通り過ぎるハリーを目で追うシーンがある。封切り時の20年前は映画の中の魔法でありフィクションだったが、テクノロジーの進化によって現在はそれを普通に実現できる。

電話をひとり1台持つ、スマートフォンでYouTubeを観る、家にいながらアマゾンでほとんどのものが買える。少し前の「できたらいいね」はどんどん現実化しており、妄想の実現スピードはどんどん上がっている。

妄想を実現させるテクノロジーはすでに十分あるし、これからもどんどん開発されていくだろう。むしろ足りないのは、イノベーションを生む原動力である「だったらいいな」の発想、つまり妄想力だ。

2023年、日本人でメジャーリーグ初のホームラン王になった大谷翔平選手の代名詞となっている「二刀流（打者と投手を一人二役でこなす）」も、「妄想」から生まれたと僕は思っている。最初に入団した日本ハムファイターズの栗山英樹監督がまず「二刀流」を発案し、大谷選手が受け入れて、今の形が出来上がっていった。球界の常識を覆し、世界を驚かせた「二刀流」も、出発点は「妄想」だった。もちろん「二刀流」

は誰にでもできることではないか、あり得ないと決めつけず果敢に「挑戦」したからこそ、世界を熱狂させることができた。

妄想は身近なところから生まれる

妄想は確かに重要かもしれないが、そんなのは発明家とか技術者、あるいはクリエーターの話でしょ、とは思わないでほしい。僕はクリエーターではないけれど「だったらいいな」を常に妄想している。

妄想は誰にでもできるはずだ。もちろん、それを精緻化したり形にしたりするにはプロフェッショナルな仲間が必要だけれど、チームをつくってワクワクしながら楽しんで妄想し、それを発展させて形にしていく醍醐味を僕は知っている。

妄想は身近なところからも生まれる。むしろ、日常の「だったらいいな」が、妄想の源といえるかもしれない。今の仕事の課題は何か、その課題を解決するための魔法、つまり「だったらいいな」を考える。

妄想してワクワクしたら、恥ずかしがらずその妄想を誰かに伝えてみよう。SNSでつぶやいてみるのでもいい。

人に伝えるためにはまず、妄想を言語化する必要がある。この言語化の作業が、実はとても重要だ。言語化の過程で、自分の妄想の核心はどこにあるのか、どうすれば他人に伝わりやすいかを知らず知らずのうちに整理できる。流行の言葉でいえば、妄想の解像度を高めることができるわけだ。

誰かに伝えることのメリットの二つ目は、仲間づくりだ。

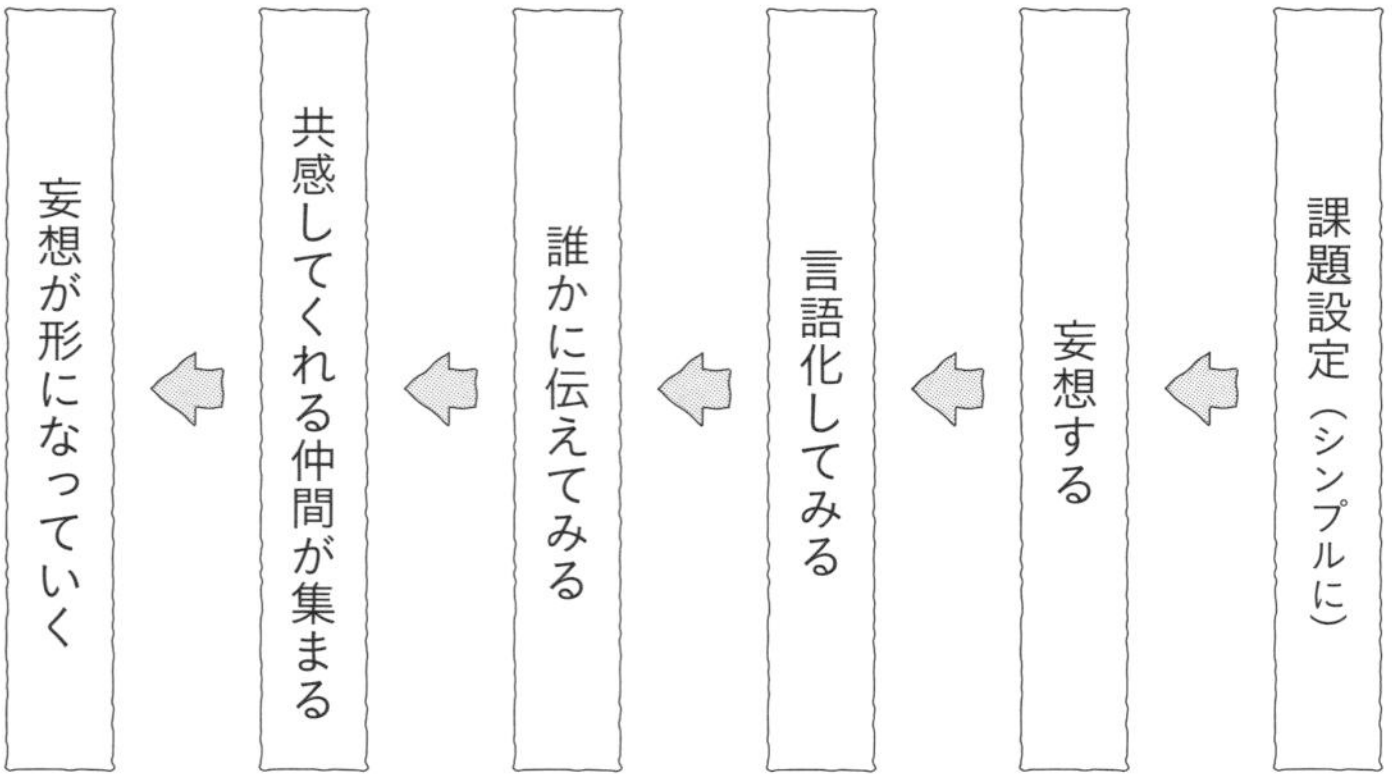
課題設定（シンプルに）
妄想する
言語化してみる
誰かに伝えてみる
共感してくれる仲間が集まる
妄想が形になっていく

妄想が形になるまで

みんなを幸せにするための妄想、ワクワクする妄想には、共感してくれる仲間がきっと現れる。たとえちょっとリスクのあるアイデアでも、あるいは予算がなくても、ワクワク感に引かれて手伝いたいと思ってくれる仲間はどこかにいる。ワクワク感の熱量が高いほど、人を引きつける力も大きい。あなたの「だったらいいな」から人脈が生まれ、仲間が生まれ、世の中に大きなプラスのインパクトを与えるような成果が生まれる。

もし、あなたがマネジャーだとしたら、部下やチームメンバーの妄想を絶対に潰してはいけない。

「そんな夢みたいなことをできるわけがないだろう」

「前例がないから無理」

「うちには予算（人材、リソース）がないから」

これらは、マネジャーが絶対に口にしてはならない禁句だ。

制約は創造を生む

予算がない、人材がいないという制約は、一見マイナスに思えるが、実はこうした制約こそ、斬新なアイデアを生み出す原動力になる。

「制約なく自由に発想して」と言われると、逆に発想しにくくなるものだ。僕は優秀なクリエーターの方と仕事をすることが多いのだが、彼らは「制約があるからこそ大胆な発想とクリエイティブジャンプができる」とよく言っている。

人の脳は、何らかの制約があるからこそ、それをクリアしようとして動き出す。制約は脳が動き出すための刺激であり、アイデアを発展させていくための指針やフレームになってくれる。制約がない状態というのは、時間も場所も決めずに待ち合わせをするようなものだ。

だから、制約の悪い面ばかりを見て落ち込むのではなく、制約は創造のきっかけを与えてくれるありがたい存在だと捉え直してみてはどうだろうか。

制約を前にすると、無理だと思って引き返す人と、なんとか乗り越えてやろうと闘志がわく人がいる。僕は「制約は創造のチャンス」と思っているので、例えば、吉野家の河村社長からどんな無理難題を吹っかけられても絶対にノーとは言わない。無理難題に応えていくことにビジネスの喜びと醍醐味を感じているからだ。

チームの妄想力養成に欠かせない心理的安全性

今、心理的安全性の重要性がにわかにクローズアップされている。心理的安全性とは、上司や他のメンバーの反応を気にすることなく、自分の考えを包み隠さず言える組織の風土や雰囲気のことを指す。「これを言ったら他のメンバーからばかにされる」「上司からの評価が下がる」「○○から反感を買う」とメンバーが感じていたら、せっかくいいアイデアを思いついても口に出さなくなり、そのうち斬新な発想を失ってしまう。心理的安全性の低い組織からは、ワクワクするイノベーションは絶対に生まれてこない。そうした組織は、時代の変化に対応できず、衰退していく運命にある。

妄想力アップに効くコラム 1

心理的安全性とは何か？

心理的安全性という言葉をよく耳にするようになった。心理的安全性とは、組織内で誰もが、拒絶されたり不快な思いをしたりせずに率直な意見を述べられる状態のこと。

心理的安全性が脚光を浴びたのは、米グーグルの「プロジェクト・アリストテレス」という名の調査だった。グーグルは、どんなチームが最も高い成果を出せるのか、その理由を探るため、世界中の自社の組織を調査した。調査前は、チームを構成する人材が優秀（高学歴、高IQなど）であることが最も必要と思われていたが、調査結果が示したのは、チームを機能させるためには、何よりも心理的安全性が重要ということだった。調査結果は、ニューヨーク・タイムズで報道され、広く知られるようになった。

調査では、ある課題がうまくいったチームは他の課題もうまくいき、逆に、ある課題に失敗したチームはほかの多くの課題でも失敗する傾向があった。前者の多くは、メンバーの能力は平均的だったが全員が協力して知恵を出し合い課題を解決した。一方、後者は、メンバー全員は非常に優秀だったが非協力的だったり誰かの足を引っ張ったりした。両者の違いは、心理的安全性が確保されていたかどうかだった。

心理的安全性が高ければ、チームメンバー全員が、自分の意見や思いをさらけ出せるので、個人的な話や感情まで共有することができる。だから、互いに助け合えるようになり、欠点を補いつつ強みを生かせるようになるのだ。

妄想には勇気が必要だ

ただ、心理的安全性の重要性は叫ばれているものの、現状を見ると、ほとんどの組織は心理的安全性が十分に高いとは言いがたい。だから、妄想をもとに何か行動しようとする際には、多少なりとも勇気と打たれ強さ（レジリエンス）、やり抜く力（グリット）が必要だ。

ダイオウイカ天の企画で役員たちの了承を得るときも、勇気やレジリエンスが必要だった。

「アホちゃうか」と言われることはわかっていた。そのとき「そうですよねー」と言って引き下がらず、「はなまるうどんの認知度を上げるには、この企画がベストだ」という揺るがない信念を持ち続けることが何より重要だ。

もちろん「失敗したらどうしよう」という恐怖は誰にでもある。誰も進んだことのない道こそが妄想の本分なのだから、不安になるのは当然だ。周りからのネガティブな反応との戦いなど、本当にいくつもの試練がある。

実はダイオウイカ天の企画のとき、役員に説明する前に社長にプレゼンテーションをした。ぶっちゃけて言えば、根回しをしたわけだ。社長からは「面白いじゃないか」という言葉をもらった。と同時に、「でも、役員たちを説得できるかな？」とも言われた（社長の一存で決まらないところは、はなまるの経営のよさでもある）。

社長の言葉通り、僕たちの企画は役員プレゼンで３回も却下されたのはすでに述べた通りだ。

妄想には勇気やレジリエンスやグリットが必要だが、その原動力となるのは、その妄想から生まれたアイデアを心の底から面白いと感じ、ワクワクすることだ。その点に疑いがあると、周囲からの抵抗に耐えられなくなる。

妄想と責任感はセットで力を発揮する

「だったらいいな」を妄想したからには、それを現実にすることが何より重要だと僕は思う。妄想力をビジネスに生かすには「絶対実現してやる！」という責任感とセットで考えたほうがいい。

妄想をするだけなら「変な人」

言うだけで行動しないのは「口先だけの人」

この2タイプは、周囲からだんだん信用されなくなる。

しかし、「だったらいいな」の実現に向けて熱心に動く人には、共感する人が現れ、たとえ失敗したとしてもかけがえのない経験とスキルが得られる。ただし、「だったらいいな」の目的が自分のためだったら、共感する者は現れないだろう。

仲間は大義名分のもとに集まってくる

「だったらいいな」は、社会や会社（誰かのため）の課題解決であることが大前提だ（結果的に、自分のためにもなる）。くじけずに続けようと思うには、そこに自分も参加して貢献したいと心の底から思えるような「大義名分」が必要だ。

「大義名分」のある妄想だからこそ、途中で諦めずに実現しようという意欲がわいてくる。出世したいから、お金を稼ぎたいからという欲を

妄想と責任感はセットで成果を生む

だろう。

否定するわけではないが、個人のエゴが前面に出たら、周りの人たちはついてこない

チーム全員を鼓舞させるような「大義名分」とは、やはり世の中を良くし、会社を良くすることにつながることだろう。

数年前から日本では「パーパス経営」が注目を集め、今、多くの企業がそれを実践しようとしている。パーパスとは企業の「志」であり、「何のために自分たちは存在しているか」「何のためにその事業をしているのか」という存在意義を示すものだ。この点をはっきりさせておけば、組織のメンバー全員が同じ方向にベクトルを合わせて進むことができるようになる。

パーパスは、その企業にとって大義名分になる。当然、妄想するにもその前提にパーパスや大義名分が必要であり、そこを外れた妄想は無責任な行為となってしまう。妄想とパーパスの関係については、本章の後半で詳しく述べる。

想像と妄想の違いは大きい

妄想と似た言葉に「想像」がある。この二つはどう違うのか？

辞書で「妄想」を調べると「真実でないものを真実であると誤って考えること」「現実離れした空想」といったネガティブな説明が並ぶ。一方、「想像」は「経験していない事柄などを思い描くこと」とある。

ここからは僕流の解釈になるかもしれないが、「妄想」と「想像」はかなり違う。ともに「経験していない事柄を思い描く」点では同じだが、現実離れの度合いは大きく異なる。もちろん「妄想」のほうが圧倒的に現実離れしている。

「想像」は、世の中や業界の慣習、社会規範、ルールなどをベースにしており、そこから生まれた産物はその延長線上にある。つまり、想像というのは、多くの人の予想の範囲を超えるものではない。

一方「妄想」は、業界の慣習・ルールなどにとらわれず、制限のない自由な考えを指す。それを聞いた人の多くは、ネガティブな反応を示すことが多い。その理由は、従来の考え方に反しているからだ。

「想像」は「妄想」とはかなりレベルが違う印象があるが、「空想」「夢想」はどうだろうか。この二つは「ありもしない突飛な考え」を指し、「想像」よりは「妄想」に近い。だが、「妄想」のほうが、思いついたアイデアがその人に取りついている感があり、強い情念を僕は感じる。だからこそ、「やってやる」という思いがわいてくる。

一方、「空想」「夢想」は、頭に浮かんではすぐに消えていく泡のようなものと捉えているのだが、皆さんはどうだろうか。

VUCAの時代だからこそ妄想力が必要

今はVUCA（ブーカ）の時代と言われている。VUCAとはVolatility（変動性）、

Uncertainty（不確実性）、Complexity（複雑性）、Ambiguity（曖昧性）の頭文字を取った造語で、「先行きが不透明で、将来の予測が困難な状態」のことを意味する。つまり、過去の延長線上で物事を考えても、なかなか予想通りにはならないし、世の中にインパクトも与えられない。

今、世界に存在している様々な社会課題も、過去の延長線上での発想では解決できないからこそ、課題として残っているわけで、それらを解決するには、思いも寄らない視点からもっとパワフルなアプローチをすることが欠かせない。

「だったらいいな」

これが、妄想のスタート地点だ。

「こうだったらいいな」というのは誰でもよく思うが、深く考えずに通り過ぎるか、あるいは「いやいや、現実にはあり得ない」で終わらせてしまうことが多い。僕は皆さんに「だったらいいな」の感性を、本書を通じてもっと磨いてほしいと思っている。

そして、感じたことを実現するために動き出す習慣を身につけよう。

マグマってあんかけに見えない？

僕にとって妄想は当たり前のことなのだが、いろんな意味で「よくあそこまでやったなあ」と思えるのが、2014年に実施したはなまるうどんのエイプリルフール企画だ。2013年に「ダイオウイカ天」で大ブレイクしたのは前述の通り。当時の社長から、「次のエイプリルフールもよろしく。宣伝予算はないけれど、売り上げと認知を向上させてください」とのミッションをいただいた。

正直に言って、前年のブレイクを上回る自信はなかった。けれども、ネタは必ずあるはずだ。「エイプリルフールに、はなまるうどんで世間をあっと驚かせる」。頭の中にこうインプットして、毎日生活した。

目に入るものすべてがうどんの具に見えてきた。あれをうどんに具にしたらどうか、いや普通だなあ、じゃああれはどうか、面白いけどあまり食欲がわかないなあ……。

僕だけでなくチームのメンバー（前年と同じく小西さんをはじめとする超一流の精鋭たち）も同じように妄想していたと思う。

目に入ってくるものすべてに可能性がある、と考えていたとき、衝撃的な出来事が起きた。２０１３年11月、東京の南方約９３０キロにある火山島、西之島で噴火が起きたのだ。火口から吹き出した真っ赤なマグマがドロドロと山肌を流れ、水蒸気を上げながら海に落ちていくシーンがテレビに何度も映し出された。さらに、噴火によって西之島の隣に新しい島が誕生した。ダイオウイカ以上に大きな話題になった。

僕も噴火の様子をテレビ番組やウェブなどを通じて熱心に見守っていたのだが、驚いたのは、「マグマクリエーター」と称する人がネットに上げたマグマ動画の再生回数が、瞬く間に1億回を超えていたことだった。

これは使えそうだ！

僕たちのクリエイティブチームの妄想アンテナが強く反応した。

チームでは、西之島の噴火の話で盛り上がり始めた。そんな中、ついに、チームから衝撃の企画が飛び出した。

妄想モーメント

西之島新島出店記念「マグマあんかけうどん」新発売！

赤いドロドロした灼熱のマグマをうどんのあんかけにしてしまう。しかも、できたばかりの新島に店を出店して。このぶっ飛び具合はすごいでしょう（しつこいようですが、エイプリルフールのネタなので真に受けないように）。

うどんの上からマグマをかけることで、実際の店舗の売り上げが上がるのかについて、納得できる論理的な説明はできない。けれども、強烈なインパクトは与えられそうだという判断により、最終的には役員会から信用してもらい、プロジェクトにゴーサインが出た。やはり、前年のダイオウイカ天の実績があったからだろう。今回は予算も少しついた。

チームはビジュアルの制作に取りかかったが、真の問題はここからだった。

まず、マグマの映像をどうするか。静止画ならありものの写真データを借りてきて加工すれば簡単にできる。けれども、このニュースに日本国民が釘づけになったのは、真っ赤なマグマが煙を上げながら山肌をドロドロと流れるシーンである。

妄想モーメント

だったらロケをして実際の映像を撮ればいいじゃないか

まさに「妄想チーム」の本領発揮だ。

やろうとしているのはエイプリルフールの企画なのだが、こういうことは真剣にやるほど、細部にこだわりリアルにやるほど、見る側にとっても面白さ（とばかばかしさ）が指数関数的に倍増し、強烈なインパクトをもたらす。

2人の撮影チームが、火山で有名な海外のある島に飛んだ（以下は、そのメンバーから聞いた話）。現地に到着し、火山のふもとまでは車で移動した。そこからは安全上、溶岩撮影を専門とするカメラマンと火山を知り尽くしている現地のガイドさんの2人だけに任せ、どんぶり20個とうどん20玉、水のペットボトルをリュックに背負っていただき、撮影に向かってもらった。

2人はどんぶりがこすれ合ってカタカタ音がするのを聞きながら、重い荷物を背負って歩くこと数時間、ようやく火山の火口に到着した。火口に近づくとともに、熱さで汗だくになったそうだ。それもそのはずで、近くを火口から新たに流れ出したマグマが、細い川のように周囲を焼きつつ先に進むのが見えた。

火口のマグマの温度は1000度にも達するという。

ここから仕事の始まりだ。安全を確保しつつ、どんぶりにうどんを入れてマグマが流れるルートを予測してセットした。ビデオカメラを構えてマグマが流れてくるのを待った。しかし、マグマはなかなかうまくどんぶりに入ってくれない。しかも、どんぶりが高熱に耐えられず割れてしまう。これは計算外だった。どんぶりを20個持っていったが、1個目失敗、2個目失敗とやっていくうち、とうとう最後の1個になってしまった。

海外にまでやって来て、この動画の撮影に失敗したらしゃれにならないが、運を天に任せるしかない。19個の失敗を踏まえて、マグマが流れてくるルートは少しずつわ

熱々のあんかけうどんが完成！

ECD：青木克憲（butterfly・stroke inc.）、小西利行（POOL inc.）、是永聡（POOL inc.） CD+C+PL：小林麻衣子（POOL inc.） PL+Pr：大垣裕美（POOL inc.） PL+AD：宮内賢治（POOL inc.） PL：滝瀬玲子（POOL inc.）、井上佳那子 C：竹田芳幸（POOL inc.） PL+WEB Dir：山中啓司 WEB D：阿部寛子 WEB Markup Engineer：松田翔伍 Pr：室田淳、蔡海 P：平松岳大 映像 Dir：アーティット鈴木大介 Production：1 → 10Design,inc.、TOW CO.LTD. Agency：butterfly・stroke inc.、POOL inc. Client：株式会社はなまる

＊所属会社などは制作当時

かってきた（ような気になっていただけかもしれないが）。慎重にシミュレーションをしてどんぶりにうどんを入れてセットした。

２人が固唾を飲んで見守る中、どんぶりに向かって一筋のマグマが流れてきた。

いいぞ、その調子！

その祈りが通じたのか、最後の最後でマグマは奇跡的にどんぶりに入ってくれた。運任せだったが、僕らは持っていた！

世界初の「マグマあんかけうどん」は、こうして完成した。

今回は専用サイトをつくってそこに動画も掲載し、２０１４年4月1日深夜0時に公開した。前年のダイオウイカ天が大きな話題になり、「はなまるうどんは今年も何かやってくれる」との期待感もあったと思う。

「マグマあんかけうどん」は公開直後から話題になり、大ブレイクとなってテレビをはじめとする数多くのメディアに取り上げられ、ネット上でも話題をさらった。もちろん、はなまるうどんへの来客数も大幅にアップした。

妄想力の欠如が企業の寿命を縮める

妄想力を阻む大きな敵の話をしよう。こいつはかなり手強い。その強敵の正体は「過去の成功体験」だ。

イノベーションのジレンマという言葉を聞いたことがある人も多いと思う。成功体験が強すぎる会社は革新的な技術やサービスを軽視しがちで、その地位を失う危険性があることを示している（米国の経営学者クレイトン・クリステンセンが提唱した）。

よく例に出されるのが、かつて全世界にレンタルビデオチェーンを展開した米国のブロックバスターだ。今の若い人たちは、レンタルビデオ店といってもピンとこないかもしれないが、20年くらい前まで、たいていの町にはレンタルビデオ店が数店あり、そこで映画のＤＶＤ（その前はＶＨＳビデオ）を貸し出していた。

ブロックバスターは米国を中心に約９０００店を展開する最大手で、日本にも店があった。だが、店舗でのレンタルというビジネスモデルに固執したため、ネットでのストリーミングで映画を提供し始めたネットフリックス（当初はＤＶＤを郵送でレンタルしていた）などの新興勢力の台頭を許した。その後ストリーミング型に転換しようとしたもののうまくいかず、２０１３年に倒産した。

ブロックバスターは、店舗で映画のＤＶＤを貸し出すというビジネスモデルで大成功したがそれにあぐらをかいてしまい、店舗に固執するあまりネットへのシフトという世の中の流れを見誤り、時代に対応できなかったのだ。

マイクロソフトも陥った成功者バイアス

成功体験が強烈であればあるほど、認知バイアス（合理的な判断を妨げる直感や経験に基づく先入観のこと）が大きくなり、新しいトレンドやテクノロジーの可能性、ライバルの動向などを正しく判断できなくなる。ブロックバスターはその罠に陥り、自ら変化を起こせなくなった典型例だ。

こうした会社は意外に多い。あのマイクロソフトも、絶対的高シェアのウィンドウズＯＳとOffice商品のセット販売で大成功を収め、そのあとも同じ路線にこだわったため、２０１０年代前半はモバイル化、クラウド化という技術革新の波に乗り遅れてしまった。その結果、いわゆるＧＡＦＡの台頭を許すことになった。「マイクロソフトはもう終わった」と言われた時期もあった。だがそこに、救いの神が現れた。２０１４年、新ＣＥＯに就任したインド人のサティア・ナデラだ。この人を3代目経営者として見いだしたことが、何よりのファインプレーだった！

ナデラはＣＥＯに就任すると、全社員に向けて以下のような宣言文をメールで送ったという。

「イノベーションを加速するため、私たちはわが社の魂、わが社独自の核を再発見する必要がある。マイクロソフトだけが世界に貢献できる点、もう一度マイクロソフトが世界を変える方法を、誰もが理解し、実践しなければならない。（中略）マイクロソフトは、モバイル中心、クラウド中心の世界で生産性を追求するプラットフォーム企業になる。再び生産性を向上させ、世界中のあらゆる人、あらゆる組織に、これまで以上に多くのことを実行・達成する力を与える」（サティア・ナデラ著『Hit Refresh』山田美明、江戸伸禎訳、日経ＢＰ）

マイクロソフト創業者であるビル・ゲイツのかつてのドリームは、「あらゆる机、あらゆる家庭にコンピューターを」だった。会社を設立した１９７５年頃は、確かにそれは壮大で妄想的な夢だったが、冒頭に挙げた『ハリーポッター』の例ではないけれど、テクノロジーの急速な進歩によってドリームは実現してしまった。つまり、ドリームの実現とともに、マイクロソフトは目標を見失い、迷走していたともいえる。必要なのは、古くなったドリーム、パーパスをリフレッシュすることだった。

新ＣＥＯに就任したナデラは、まずマイクロソフトの新しいパーパスを「世界中のあらゆる人、あらゆる組織に、これまで以上に多くのことを実行・達成する力を与える」と決め、それを実現するために「モバイル中心、クラウド中心の世界で生産性を追求するプラットフォーム企業になる」ことを目指した。ドリームとパーパスを再発見することで、成功者バイアスと正面から闘った。こうした改革が功を奏して、マイクロソフトは再び息を吹き返し、ＩＴ業界の盟主に返り咲くことができた。

時代は加速度的に変化している。マイクロソフトでさえイノベーションのジレンマの罠にはまりかけたのだから、いわんや他の会社をやである。このジレンマに陥らないためにも、普段から妄想力を大事にする組織風土が欠かせない。

「そんなのばかげている」とか「うちの会社（チーム）では無理」と思える発想のほうが、大きなチャンスをもたらすし、士気も高まる。過去の延長線上の発想で時代に合わせにいくようではスピードが遅いし、全然楽しくない。

妄想力とパーパスの関係

過去の成功や常識にとらわれないために妄想力は重要だ。だが、妄想といっても単にとんがっていればいいというものではない。企業の一員として活動しているからには、妄想に何らかの大きな「くくり」が必要になってくる。

では、その「くくり」とは何か。僕は、企業の存在意義やパーパスがそれに当たると考えている。

あなたの会社は何のためにあるのか。
あなたは何のために働いているのか。

この二つの問いは、原理原則的なことを聞いているので、答えるのは意外に簡単ではない。例えば一つ目の問いに対して、「利益を上げるため」と答えた人がいたとしよう。利益を上げようとしている会社はほかにもたくさんあるので、もしそれが存在意義なら、あなたの会社は世の中にはそれほど必要ないですよね、と言われても仕方ない。つまり、あなたの会社ならではの存在意義が求められるのだ。

この二つの質問を常に自分自身に問い続けてほしい。なぜなら、これらが妄想の軸足となるからだ。

何のための「だったらいいな」なのか。誰のための「だったらいいな」なのか。

つまり、企業が妄想力を正しく発揮していくためには、パーパスなど企業の存立に関わる土台がしっかりしていることが大前提となる。

外発的なMVVから内発的なPDBへ

ここはとても重要なところなので、もう少し掘り下げて考えてみよう。

企業の存在意義を考えるとき、MVVという考え方がある。MVVとは、ミッション（Mission）、ビジョン（Vision）、バリュー（Value）のことだ。ミッションは組織の「使命」のことであり、その組織の存在理由や目指している目標を指す。ビジョンはミッションを実現するための「構想」、バリューはミッションやビジョンを実現するための組織の「価値観」を表す。数年前までは、多くの企業がMVVを定め、経営の指針としてきた。

確かに、MVVを定めて組織の共通言語にしていけば、会社がどこに向かって動いているかが一目瞭然となり、組織メンバーのベクトルを合わせやすくなる。

けれども、数年前からＰＤＢという考え方が出てきた。Ｐはパーパス（Purpose＝志）、Ｄは夢（Dream）、Ｂは信条（Belief）を表し、パーパスを実現するために「夢」や「信条」がある（参考『パーパス経営』名和高司著、東洋経済新報社）。

ＭＶＶとＰＤＢのそれぞれの言葉を見ればわかるように、ＭＶＶからは冷静で客観的、外的な印象を受ける。宗教的な意味では、ミッションとは神から与えられるものであり、企業が実際にミッションを策定するときも、世界や社会、業界、市場などから何を求められているのかという外発的な視点で考えることが多い。

これに対してＰＤＢのほうは、「パーパス」「夢」「信条」のいずれも内発的なワードだ。三つとも外部から与えられるものではなく、組織や個人の内側からわき出してくる熱いものを感じる。

もっとわかりやすく言うと、今まで主流だったＭＶＶはいわば「よそ行きのお仕着せの目標」であり、ＰＤＢは「組織と従業員の思いが凝縮された目標」と言える。だからこそ、ＰＤＢのほうが従業員への訴求力とインパクトが大きく、意識の変革につ

MVV型とPDB型のイメージ図

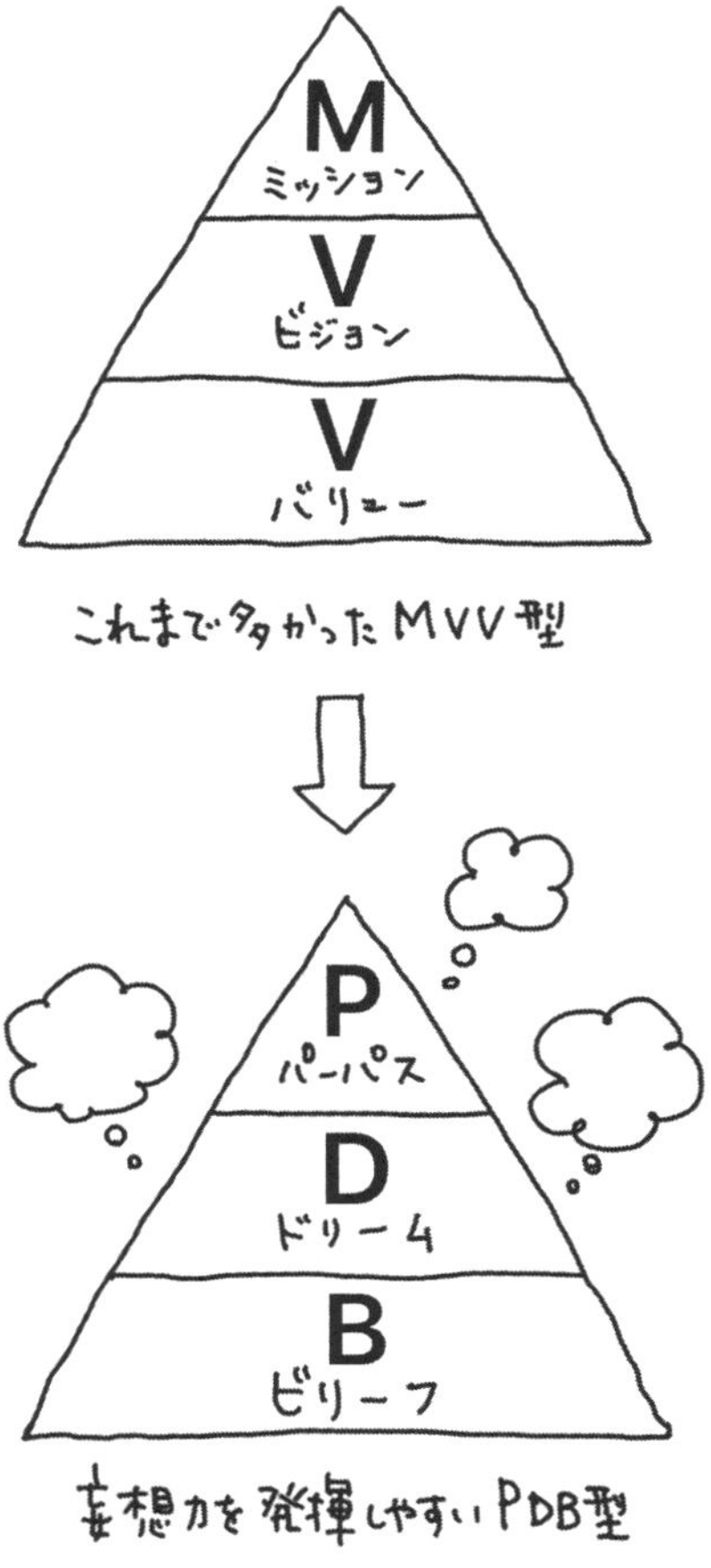

ながりやすい。今、パーパス経営がはやっているのには、こうした背景がある。

なぜここで、パーパス経営について触れたかというと、妄想力とパーパス経営には共通点が多く、パーパスは「妄想力」を実現するための枠組みや土台になるからだ。

自分たちが何者（創業者はそもそもどうして事業を始めたのか）で、どんな志を持ち、どんな夢を描き、どこを目指しているのか。それを踏まえた妄想は、大きな力を発揮する。

では、前置きはこれくらいにして、妄想力の世界にダイブしよう！

第2章

妄想力を身につける

妄想が生まれる条件

この章では、妄想力の身につけ方、養い方について述べていく。

妄想力は、レベルの差はあれ、ほとんどの人が持っている。問題は、その力が大人になるにつれて影を潜めていくことにある。

子どもが描く絵を考えてみよう。見たままを自由に描く子どもの絵は、何が書いてあるかよくわからないが、生き生きとした力を感じる。ところが、大きくなるにつれて大人たちから「太陽は赤い丸を塗りつぶして、周りにチョンチョンと点を描くんだよ」などと「常識」を教えられていくにつれ、見た目には何を描いているかがよくわかるようになる半面、絵から個性は消えていく。

妄想力もこれと同じだ。誰もが潜在的には妄想力を持っているが、大人になり、社会人になって世の中の厳しさに晒されるにつれて、業界・企業の常識やルール、慣習がどんどん染みついていき、妄想を自制するようになってしまう。

業界・企業の常識やルール、慣習を身につけることは、社会人として生きていく上で必要不可欠なことであり、僕もそれは否定しない。けれども、それと引き換えに妄想力が消えていくのはとてももったいないと思う。

自分で意図的に、「通常モード」から「妄想力モード」に切り替えることができたらどうだろうか。そんなに都合良くいくのかと思われるかもしれないが、実は、仕事ができる人は、知らず知らずのうちにそれを実践している。

ポイントは意外なことに、「どんなに忙しくても、ぼーっとする時間を大切にすること」だ。

デフォルト・モード・ネットワークと妄想力

実は、ぼーっとしているときこそ、妄想のゴールデンタイムなのだ。

会議室で何かいいアイデアはないかと、メンバー全員で「うーん」と唸りながら何かを搾り出そうと集中してものを考えているときほど、ろくなアイデアは出てこない。逆に、電車に乗って漠然と外を眺めているときや、風呂に入ってリラックスしているとき、朝、歯を磨いているときなど、考えごとをせず自然体でいるとき、新しいアイデアがひらめいたりする。皆さんにもそうした経験はないだろうか。

なぜ、ぼーっとしているときにアイデアがひらめきやすいのか。これには、科学的な裏づけがある。近年、脳科学の世界で「デフォルト・モード・ネットワーク（DMN）」がにわかに注目を集めている。このDMNは脳の多くの部位をまたがる神経回路で、一生懸命に考えごとをしているときにはあまり働かず、考えごとをせずにぼーっとしているときに活性化するという、かなり変わった特徴を持つ。

このDMNがなぜ重要なのかというと、創造力に大きく関係しているからだ。脳はデフォルト・モード（ぼーっとしているときや眠っているとき）にあるとき、様々な形で脳内にインプットされている情報を整理・整頓し、記憶に定着させてくれる。いわば、資料で散らかった脳内の各部屋を整理・整頓して、あとで見つけて利用しやすいようにインデックスをつける作業をしてくれるわけだ。ぼーっとしている裏側では、多くの脳の部位が連携して働き、大量の情報を処理してくれている。

すると、新しく入ってきた情報とすでに蓄え

られている情報（あるいは新しい情報同士）を結びつけることができるようになる。ひらめきというのは、脳内にあるXという情報の断片とYやZという情報の断片が偶発的に結びついて生まれてくる。つまり、DMNが活性化すると、創造力が高まり、斬新なアイデアが生まれやすくなるのだ。

DMNは、睡眠でも活性化する。仕事中に10分くらい居眠りをしたあと、頭が急に冴えたという経験は誰にでもあると思う。それは、寝ている間に疲労が少し回復し、脳内の散らかった状況が整理・整頓されるからだ。

工事現場や工場のラインで働く作業者など、行動の手順やマニュアルが厳格に定められている場合は、目の前のタスクに全意識を集中し、DMNが活性化するような状況をつくり出してはいけない（少なくとも作業中は）。けれども、創造が必要な場面では、アイデアをひねり出すというタスクに意識を集中させるのは逆効果のようだ。一生懸命に追いかけようとすればするほど斬新なアイデアは遠ざかっていく。陽炎みたいなものだ。だから、どんなに忙しくても、ぼーっとする時間が貴重になる。

米国の一部の先進企業の中には、昼寝スペースや専用の装置（「エナジーポッド」など）

を導入して、昼寝を推奨する企業もある。かつては就業中に机で寝ていると怒られたものだが、時代は大きく変わっている。あなたが管理職なら、居眠りしている部下を「さぼっている」と見なしてどやしつけてはいけない！

書きかけ、考えかけでひとまず寝る！

睡眠中に脳の中で考えが整理されて、新しいアイデアを発想しやすくなる——。この原理を利用して、皆さんにとっておきの方法を紹介しよう。それは、

妄想モーメント

企画書は書きかけのまま寝る

「今日は調子がいいから、企画書を徹夜して書き上げちゃおう」などと思わないほう

がいい。調子がいいときほど思考をわざと中断させて、続きを翌朝に持ち越す。これが、すぐに実践できるお勧めのアイデア発想法だ。

なぜ、考える作業を中断して寝るのがいいのかというと、課題を抱えたまま眠りにつくとＤＭＮが絡み合った情報を整理してくれ、脳が潜在意識の中で寝ている最中も続きを考えてくれるからだ。これは、決してあやしい話ではなく、脳科学者が考えている有力な説である。こんな便利で役立つ仕組みを人間は備えている。

実は、脳が持つこの不思議な効用が明らかになる前から、アーネスト・ヘミングウェイやジョン・ル・カレなどの文豪が、日本人になじみのあるところでいうと村上春樹も、執筆の中断を意識的に活用していたという（参考『シリコンバレー式よい休息』アレックス・スジョン・キム・パン著、日経ＢＰ）。

日本でも昔から、重要な最終決断を下す前に「じゃあ一晩寝かせてみるか」と間を置くことがよくある。熱くなった頭をいったん冷やして、より客観的に物事を判断するためだが、実はその判断にＤＭＮが有効に働いているかもしれない。

哲学の道を歩いて妄想力を活性化させる

昼寝や睡眠のほかにもDMNを活性化させるのに役立つ方法がある。それは、マインドフルネスや瞑想だ。

マインドフルネスや瞑想というと難しそうだが、要は楽な姿勢で床に座って5分くらいぼーっとするだけでいい。もしできたら、そのときに自分の指先や、足のつま先をぼんやり眺めたり、自分の呼吸に耳を澄ませたりなど、あまり意味のない一つのことに意識を集中させる。そうすることで、複雑な思考（悩みごとなど）から脳を解放してあげることができる。

近年、マインドフルネスが創造性に大きく寄与するということで、研修に取り入れる企業が増えている。

さらに、創造力を高めるという点では、運動もお勧めだ。運動することでストレスが発散され、脳が何かに思い悩んだ状態から解放される。そして何より、脳の血流がアップし、活性化が期待できるなど一石二鳥だ。

激しい運動をする必要はまったくない。外に出て散歩をするだけでもいい。企業であれば、(少人数であることが前提だが)公園などを散歩しながら会議をすると、会議室では出なかったアイデアが飛び出してくることが期待できる。

京都の銀閣寺と南禅寺の間に「哲学の道」と呼ばれる散策路がある。約１・５キロメートルにわたる水路沿いの趣のある小径で、かつて京都大学の哲学者である西田幾多郎や田辺元らが好んで散策しつつ思案を巡らせたことからその名がついた。ぜひ、読者の皆さんも、オフィスや家の近所に「妄想の道」

瞑想やマインドフルネスは創造にもいい。

を見つけて活用してほしい。

●DMNを上手に活用する方法

・ぼーっとする時間を設ける（10分程度）
・瞑想やマインドフルネス、座禅を実践する
・昼寝をする（10〜15分）
・作業をあえて中断して寝る
・軽い運動をする
・散歩をしながら会議をする

僕の場合、解決しなければならない課題を頭の中にぶち込んだ状態で、ジムでたくさんトレーニングして大汗をかいたあと、シャワーで頭を洗っている時間や、朝、愛犬と散歩している時間がゴールデンタイムだ。

しかも、忙しければ忙しいほど、難問にぶつかればぶつかるほど、たとえ短くてもリラックスする時間を戦略的にとるようにしている。

スマホはＤＭＮの大敵

逆に、ＤＭＮを活性化させるのによくないのが、スマートフォンだろう。

例えば、電車での移動中に窓の外の景色を眺めながらぼーっとしているとＤＭＮは活性化する。僕も、電車の中でアイデアを思いつくことがよくある。

けれども、電車に乗っている人を観察すると、ほとんどの人がスマホを見ている。ゲー

ほどほどがよろしいようで

ムをしている人、マンガを読んでいる人、SNSをしている人、メールの返事を書いている人、動画を見ている人……。

移動中くらいスマホで息抜きしたい、移動時間を次の仕事への準備に充てたいという人もいるだろう。それぞれの人に、それぞれの事情があるだろうから、僕がとやかく言うことではないが、たまには意識的にスマホを遮断する時間を設けてみてはどうだろうか。意識的、戦略的にスマホから遠ざかる時間をつくらないといけないくらい、我々の生活はスマホに依存している。

移動中にスマホ遮断が難しい人は、せめて睡眠の前に実践してほしい。創造性や革新的な思考は、脳が一生懸命に働いているときではなく、休んでいるときに開花することがわかっている。その最たる時間は睡眠である。

脳は寝ている間に自浄作用を発揮し、起きている間に蓄積された有害な毒素を除去し、長期的な認知パフォーマンスを向上させるので、質の良い睡眠は創造性を高めるだけでなく、認知症などの予防にもつながる。

情報のインプットを怠らない

妄想のエンジンとしてＤＭＮを有効に活用するには、二つのポイントがある。

一つ目は、情報のインプットを怠らないことだ。当たり前だが、ＤＭＮが魔法のひらめきを与えてくれる可能性があるとしても、タネが植えられていない畑から果実を収穫できるわけがない。ＤＭＮは、思いも寄らない分野の情報の断片を結びつけてくれる可能性がある。だから、自分が専門とする分野の知識や情報を蓄積することはもちろん、専門外のことに関しても好奇心を持って、情報を幅広くインプットしておくことが重要だ。

世の中には、専門家と称する人がたくさんいる。彼らは、専門分野内の知識はピカイチだが、悲しいかな、専門分野外の知識に著しく欠けていることが多い。だからこそ、関係ない分野に思わぬ課題解決策があることに気づけない。妄想のいい点は、まったく関係のない分野からも解決策を見いだすことができる点だ。

僕はそれを「アナロジー力」と呼んでいる。アナロジーとは「類推」のことだ。例えば、最近、企業の職場でよく見かけるようになった「オフィスグリコ」。オフィスの一角にお菓子コーナーをつくって料金箱を置き、利用のたびに料金を入れる仕組みだ。お菓子を買うのは女性中心と思いきや、実は利用客の7割は男性だという。お菓子好きおじさんは意外に多い。

少し脱線したが、この「オフィスグリコ」は、富山の薬売りの「置き薬」（定期的に訪問して、使用した薬を補充し、集金する）と同じ発想だ。

最初はお菓子の自動販売機を開発して設置しようとしたり、売り子さんがオフィスを訪れ、お菓子を駅弁のように担いでオフィス内を回ったりしたものの、いずれも失敗した。自販機は初期コストが大きく、売り上げが投資に見合わなかった。職場を回って売り歩く方式は、販売時間が限定されるため、売り上げの総額が小さく、利用者も好きなときにお菓子を買うことができないことから不評だった。

試行錯誤の末に行き着いたのが、「置き菓子」だった（お菓子タイムでリラックスするのも、妄想にはいいかもしれない）。これなら初期投資はほとんどかからないし、利用者は好きなときに利用できる。心配なのは料金がちゃんと回収できるかだが、95％以上の回収率だそうだ。

昆虫や植物を模倣する

異分野からの「類推」という点で「究極」と言えるのが、バイオミメティクス（生物模倣技術）かもしれない。その名の通り、動物や植物が備えている特徴を再現して製品などに生かすことだ。

例えば、ヤモリは壁や天井などを楽々と歩き回るが、足に吸盤がついているわけではない。ナノメートルサイズの細い毛がたくさん生えていて、その毛先が壁面の凹凸と接することで吸着力（ファンデルワールス力）が発生するというのだ。その原理は専門的すぎて難しい話になるので割愛するが、この不思議なくっつく力を応用して、何度はがしてもくっつく「ヤモリテープ」が開発されている。

バイオミメティクスの例としてはほかにも、ハスの葉からヒントを得た「くっつきにくいヨーグルトの蓋」やマグロの皮膚を再現した「低摩擦の船底塗料」、蚊から着想を得た「痛くない注射針」、ネコの舌の構造を応用した掃除機の「ゴミ圧縮ブレード」、オナモミ（ひっつき虫）の構造を応用した「面ファスナー」など、面白い製品がたくさんある。

確かに、蚊に刺されたとき痛かったら、その蚊はすぐに叩き潰されてしまう。

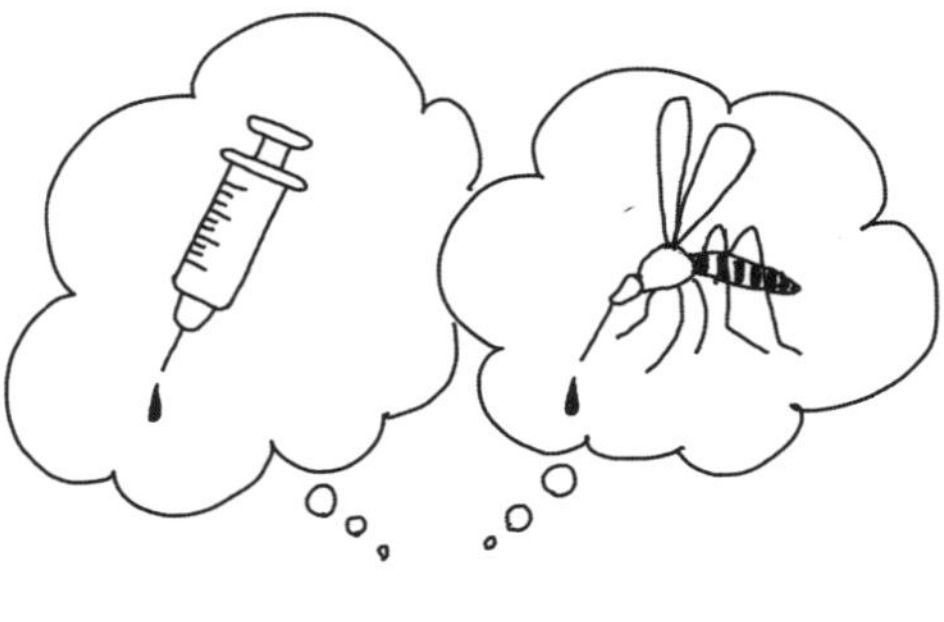

妄想で「迷惑」が「役に立つ」へと変わる

妄想モーメント

気がつかないうちに蚊に刺された注射もそんな感じで終わるとうれしいな

こうやって妄想していくと、迷惑千万な蚊から世の中に役立つ「痛くない注射針」を発想することができるというわけだ。

「だったらいいな」をシンプル化する

DMNをビジネスの現場で有効に活用するポイントの二つ目は、「だったらいいな」のシンプル化だ。「だったらいいな」は、いわば自分にとっての解決すべき最重要課題だ。だからこそ、潜在意識に刻み込むほど強い思いとして持っておく必要がある。

そのためには、やはりシンプルな言葉にする必要がある。この「だったらいいな」が、無意識下でも脳に刻み込まれているからこそ、DMNの活性化によって様々な情報断片と結びついていく。

解決のヒントは向こうからやって来る

ある情報を必死に探していると、それに関連する情報が向こうから飛び込んできたり、課題解決のキーマンと偶然に知り合ったりすることがある。ちょっとオカルト的に聞こえるかもしれないが、読者の中にもそんな経験をしたことがある人が少なからずいるのではないだろうか。

人間は目で見た情報、耳で聞いた情報のほとんどを捨てている。全部に注意を払い記憶していたら逆に混乱してしまうので、生存に必要なこと以外はできるだけ忘れるように、無視するようにできている。だから、自分に役立つ情報が近くにあっても気づかずに通り過ぎていってしまうことが少なくない。しかし、ある情報を必死になって探していると、それに関連する事象に五感が敏感に反応するようになり、普段なら通り過ぎていた情報にも気づけるようになる。このように、偶然の一致に見えることでも、実は必然だったりする。だからこそ、「だったらいいな」をシンプル化し、脳の潜在意識にまで強く刻み込むことが重要になってくる。

取り合うのは場所じゃなく、手と手

２０１８年7月、僕たちは吉野家の公式ツイッター（現在のX）でこうつぶやいた。

今週のボツ企画ｗｗ
「肉関連企業を5社集めてニクレンジャーを結成する」
ボツ理由↓5社も巻き込むなんて実現不可能・・・

お蔵入りさせるのがもったいないから投稿だけしてみた(˘ω˘)

僕は吉野家のCMOとして仕事をしながら、河村泰貴社長とともに外食産業全体をもっと強固な産業に育てていきたいと妄想していた。

株式市場の業種分類を見ても、外食産業という項目はなく、サービス業の中に含まれている。外食産業は歴史が浅いわけではないが、個人経営が多いため景気の波の影響を受けやすく、産業としての基盤がやや弱い（2020年からのコロナ禍でもそれが顕著に表れた）。

外食産業を盛り上げていくには、1企業だけが奮闘してもたかが知れている。これからの時代は、競争ではなく共創こそが企業のあるべき姿なのではないか。僕たちはかなり前からそんな議論をしてきた。

そしてこんな妄想をした。

妄想モーメント

ライバルと手を組んだらいけないと誰が決めた？

昨日の敵は今日の友！　普段、激しく競争しているライバルと一緒になって、外食産業を盛り上げるために協力したらいいのではないか。そもそもライバルと手を組んだらいけないと誰が決めたのか。

こんな発想から、他社ともコミュニケーションを取りやすいツイッター（現在はX）で面白い企画を思いついた。

ツイッターには「ボツ企画だけどもったいないから投稿した」と書いたが、これはウソではない。手を挙げてくれるライバル会社など現れないだろうというのが、社内の大方の見方だった。

けれども、僕は可能性がゼロだとは思っていなかった。5社は集まらなくても、1社か2社は賛同してくれるだろう。そうなればゴレンジャーは無理だけど、ほかの展

ニクレンジャー結成のきっかけになった
妄想ツイート

吉野家 @yoshinoyagyudon · 2018年7月6日

今週のボツ企画ｗｗ
「肉関連企業を5社集めてニクレンジャーを結成する」
ボツ理由→5社も巻き込むなんて実現不可能。。。

お蔵入りさせるのがもったいないから投稿だけしてみた(˘ω˘)

51　2,301　3,386

開ができる。

ところが、実際に投稿してみると、まずガストさんが「面白そうですね。レッド貫ってもいいですか？」と反応してくれ、さらにケンタッキー・フライド・チキンさんやモスバーガーさんにも声をかけてくれた。

残るはあと1社だが、僕たちはあえてガチのライバルである松屋フーズさんに声をかけることにした。「共創したい」という僕たちの本気度を世間に伝えるには、「ガチのライバル」の参加が不可欠だと僕は思った。僕も大人なので事前に吉野家社内に「松屋さんに声をかけるけれどいいですか？」と打診すると、すんなりＯＫが出た。やはり大義は強い。こうして「外食戦隊　ニクレンジャー」が誕生した。

ガストレッド（すかいらーくさん）
ケンタホワイト（ケンタッキー・フライド・チキンさん）
モスグリーン（モスバーガーさん）
マツヤイエロー（松屋さん）

「競争」より「共創」で三方よし！

右から、ケンタホワイト（ケンタッキー・フライド・チキンさん）、ガストレッド（すかいらーくさん）、ヨシノヤオレンジ（吉野家）、マツヤイエロー（松屋さん）、モスグリーン（モスバーガーさん）。悪をにくんでおにくを愛す！

ヨシノヤオレンジ（吉野家）

すごい面々がそろった。

この「外食戦隊　ニクレンジャー」はＳＮＳ上で大いに盛り上がり、その後もファミリーマートさん（ファミチキレンジャー）やタニタさん（ニクレンジャーの敵役「ドクタータニタ」）、花王さん（敵役を助ける飲料のヘルシア）が加わった。

このほかにも、作曲家の渡邉沙志さんがテーマソング『ニクレンジャーGo Fight!!』を自主的に制作してくれたり、絵本『外食戦隊ニクレンジャー　悪をにくんでおにくを愛す』（集英社みらい文庫）が出されたり。俳優の山田孝之さんはフェイスブックで、「競合競合言ってる人達よ、これを見よ。相乗効果だといつも言っているでしょう。取り合うのは場所じゃなく、手と手」と、ニクレンジャーの取り組みを称賛していただいた。

その後も、ロールプレイングゲーム「モンスターストライク」とコラボしたほか、11月29日の「いい肉の日」に「＃ニクレンジャーオールスターズ」という企画で、カレーハウス CoCo壱番屋さん（ココイチゴールド）や、ロイヤルフードサービスさん（てんやブルー）も参加していただくなど、僕たちも想定できないくらい多方面で盛り上がった。当然、テレビなどのメディアにも頻繁に取り上げられて社会現象になり、プロジェクトは想定以上の成果を収めた。

また、「外食戦隊ニクレンジャー」は、クチコミマーケティング協会が毎年クチコミで盛り上がった企画を表彰するWOMJアワードで2018年のグランプリを受賞した。

大義名分のある妄想は最強

DMNが活性化すると、脳内にある情報の断片が結びつき合い、新しいアイデアが生まれていくが、これはひとりの人間の頭の中での話だ。SNSではたった1回の「ボツネタ投稿」から次々と接点が生まれ、社会現象にまで発展するポテンシャルがある。

もう皆さんもお気づきだと思うが、このキャンペーンでの成功の秘訣は、「大義名分のある妄想」だ。「やや元気を失っている外食業界をもっと元気にしたい」という大義名分に異を唱える人はいない。だから、「ライバル企業の壁」を乗り越えて共創にもっていくことができた。そして、競合同士が共創したことに多くの人が驚き、応援してくれた。

しかも、僕がすごいなと思ったのは、ニクレンジャーの4社は、いずれもツイッター担当者の判断で参加を決めてくれたことだ。参加社のある社長は、この企画がテレビなどで取り上げられているのを見て、初めて自社がニクレンジャーの一員であることを知ったという。予算が不要だったため担当者の判断で決められるという面ももちろんあるが、最初の投稿からわずか6日で4社が集結したスピードは、SNSならではと実感した。

共創について、僕の妄想はこれで終わりではない。経営的な共創に向けて、データベースの共有や材料の共同調達の仕組みづくりまで、妄想はどんどん広がっている。

妄想から仲間が生まれ、
形になっていった（ツイート一部抜粋）

ガスト【公式】 @gusto_official · 2018年7月6日
返信先: @yoshinoyagyudonさん
面白そうですね😆🎵
レッド貰ってもいいですか？🤣✨

1　320　689

吉野家 @yoshinoyagyudon · 2018年7月6日
返信先: @gusto_officialさん
なんとタイムリー！！ノリがよすぎですガストさんｗｗｗ
レッドどうぞどうぞ！
うちのボツキャラ見ますか？ｗｗ

1　72　315

ガスト【公式】 @gusto_official · 2018年7月6日
返信先: @yoshinoyagyudonさん
ありがとうございます🤣🤣🤣
見たいです😳笑

ちなみに…集まって
何するんでしたっけ😆笑

1　61　255

吉野家 @yoshinoyagyudon · 2018年7月6日
返信先: @gusto_officialさん
とりあえずヒーローのイラスト描いて見せ合いっこ・・？ｗ←子供か

残りのメンバー勧誘してみますか？ｗｗ目的は結成してからますｗＤＭしますね😆‼

#ニクレンジャー

1　71　289

ガスト【公式】 @gusto_official · 2018年7月6日
返信先: @yoshinoyagyudonさん
いいですね！笑
レッド描いてみます😆✨

そして、お誘いできそうな企業様に声かけてみます😊✨

ハッシュタグ真似しちゃおう🤣
#ニクレンジャー

1　60　277

パーパス経営に詳しい一橋ビジネススクール客員教授の名和高司氏によると、イケてる「志（パーパス）」の3要件は「ワクワク」「ならでは」「できる！」だという。ニクレンジャーのキャンペーンは、この3要素を見事に満たしていたと思う。僕たちも妄想をワクワクと楽しみつつ、自分たちならではの特長を生かして、「ライバル企業の壁」を越えて共創できることをもっと示していきたいと思っている。

社会課題と妄想力

少子高齢化、二酸化炭素削減、フードロス、地域格差、教育格差……。今、身の回りにはたくさんの社会課題が顕在化している。企業が掲げるパーパスは、こうした社会課題の解決と切り離せない時代となっている。

世の中の社会課題は、一筋縄では解決できない。もっと自由度のある視点で、いろんな角度からアプローチする必要がある。その一つの手段として、妄想が役に立つのではないかと思っている。

例えば、少子化問題を妄想力で考えてみよう。日本の少子化はかなり深刻で、厚生労働省発表の2022年の合計特殊出生率（1人の女性が一生の間に産む子どもの数）は1・26にとどまっている。現状の人口を維持するには、2・06～2・07にする必要があるというから、その深刻さがよくわかる。

政府は内閣府に子ども・子育て本部をつくり、様々な少子化対策を実行している。そのウェブサイトを見ると、主な取り組み・施策として「地域少子化対策重点推進（強化）交付金」「結婚応援のための全国フォーラム」「結婚・子育て資金の一括贈与に係る贈与税の非課税措置」が載っている。

詳しく知りたい人は内閣府のウェブサイトを見てほしいが、はっきり言って、こんな施策では出生率を上げるのは無理だろう。やらないよりはまし、というレベルだ。「結婚・妊娠・出産・育児の切れ目ない支援」が打ち出されているが、そもそも結婚する男女が減っているのでそこに歯止めをかけるような策を打っていかないといけない。

ここで妄想の出番だ。

妄想モーメント

国営のマッチングアプリや出会いの場をつくったらどうか？

というのはどうだろうか。

僕の周囲にも未婚の人がたくさんいる。結婚しなくても幸せに生きられる世の中になってきたのはとてもいいことだと思う。だが、未婚者がみんな結婚したくない人たちではない。結婚したいのに出会いがないという人は結構多い。結婚しなくてもパートナーがいればもっと楽しいのに、と思っている人もたくさんいる。子どもを持ちたいと思える人と出会えて、出産のチャンスがあればそれでいいし、持たない選択もありだ。また、出産適齢期を過ぎていても、いい出会いがあれば、その後の人生も豊かになる。孤独な高齢者が減れば、超高齢化社会の課題解決にもつながる。

今、若者の間ではマッチングアプリが市民権を得ている。「マッチングアプリで出会った」と堂々と言えるような世の中になってきた。もちろん、中高年以上の多くの人は、マッチングアプリを使うことに抵抗があり、詐欺的なサービスも多いので近寄りたくない人もいるだろう。

だからこそ、出会いのきっかけづくりを、公的にやってみるのがいいのではないか。マイナンバー制度があるのだから、既婚者は機械的に登録から外せるし、名前や年齢詐称も防げる（本名なら詐欺もしにくいだろう）。それこそ公営でしかできないことだ。

少子化の歯止めはその次の段階だが、結婚するカップルを増やした上で、現在のような「結婚・妊娠・出産・育児の切れ目ない支援」をすればもっと効果が出るだろう。さらに、中高年のマッチングで独居老人も減る。「安心できる出会いの場所があったらいいな」「カップルが増えて少子化や独居老人の社会課題が解決できたらいいな」というのが僕の考えだ。

このアイデア、どうですか。ばかばかしいですか。あり得ないですか。リスクが多すぎますか。

実際にサービスを始めるためには、様々な場合を想定して詳細を詰めていく必要があるが、アイデアの原形としては悪くないんじゃないか。そう思っていたら、中国には「国営マッチングアプリ」があり、江西省貴溪市で試験的に展開されているという記事を見た（クーリエ・ジャポン『本気で子供を結婚させたい中国人が頼る「親向けマッチングアプリ」がすごい』2023年8月16日）。

さらに調べていくと、日本と同じく少子化で悩むシンガポールでは、なんと2008年から国策として政府系団体「社会開発ネットワーク」が婚活パーティーの企画やデートマニュアルの提供サービスなどを手がけていることがわかった。いや恐れ入りました！

となると、「国営のマッチングアプリや出会いの場をつくったらどうか」はもはや妄想ではなく、きわめて現実的な選択肢の一つと言えるかもしれない。日本政府にぜひとも前向きに検討していただきたい。

アホのふりして小学5年生のギモン

社会もビジネスも、課題にあふれている。ビジネスパーソンは日々、「なんとかならないものか」との闘いだ。「なんとか売り上げアップを」「なんとか社員のエンゲージメント向上を」「なんとか優秀な新入社員の採用を」から、「なんとかならないものか」「なんとかCO2削減を」「なんとか少子高齢化に歯止めを」まで、僕らの周りには「なんとかならないものか」であふれている。それらの課題を解決していくことが、ビジネスパーソンの仕事であるといえる。

このとき注意しないといけないのは、課題を正しく設定することだ。正しい課題が見つかると、正しい答えが見つかる。シンプルで正しい課題や疑問こそが、解決への早道である（間違った問いに対する正しい答えほど、危険とはいえないまでも役に立たないものはない、とピーター・ドラッカーも述べている。『現代の経営（下）』上田惇生訳、ダイヤモンド社）。

僕は課題について考えるとき、「小学5年生のギモン」を心がけている。ちょっとアホっぽい感じがするかもしれないが、シンプルで正しい課題設定を端的に表した言葉だと思っている。ビジネスの課題は難問ばかりで複雑きわまりない。だからこそ、課題をシンプル化する「小学5年生のギモン」が最強のソリューションスキルになる。

ツテがなければ代表番号から電話すればいい

例えば、どうしてもA社に提案したいマーケティングプランがあるとする。だが、これまでA社とは取引がなく、何のツテもない。そもそもA社は大企業なので、どこの部署のどの人にアタックしたら社長決済につながるのかもわからない。さて、どうやってアプローチするか。

こんな議論が営業部内であったとしたら、あなたならどんな提案をするだろうか？

僕なら、こんな「小学5年生のギモン」をみんなにぶつけるだろう。

「代表電話にかけたらダメなんですか?」

周りの反応はだいたい予想できる。

「そんなもん、ダメに決まっているじゃないか」。批判の集中砲火を浴び、上司から白い目で見られるかもしれない。でも、ちょっと待ってほしい。僕は、批判する人にこう言いたい。

「誰か試したことは、あるんですか?」

答えはおそらく「ノー」だろう。

多くの人は、やったことがないのに自分で限界を決めてしまう(もし、失敗してもそれだけのこと。時間もコストもほとんどかからない)。まったく取引のないA社にアプローチしようとするとき、ごく普通の人は、どこからなんとか人脈を探し出し(紹介の紹介とか)、その人を経由してアタックしようと考えがちだ。その窓口になった人がA社の中で影響力のあるキーマンだったらラッキーなのだが、多くの場合、人づてにたぐり寄せた人脈だとそういう幸運は期待できない。逆にその人を窓口にしたことがあだとなることもあり得る。

僕は、代表電話アタックが、紹介者の社内での影響力や評価に左右されず、提案内容をフラットな視点で評価してもらえる方法だと思っている。

僕には、代表電話からアタックして役員会議まで提案を持っていった経験が何度かある。難攻不落の城ほど誰も攻めていないものだ。代表電話にかけて「○○のマーケティングについて提案があるので、担当者の方と話がしたい」と伝えれば、交換手の人からむげに断られることは少ない。そこからが勝負だ（続きは第3章で）。

究極の短時間プレゼン、エレベーターピッチ

初めて話す人が相手なので、自己紹介を10秒、提案内容を30秒くらいではっきり伝わるように、トーク内容を一言ずつ練り上げておく必要がある。

米国シリコンバレーでは、起業家たちは投資家から関心を引くための「エレベーターピッチ」（ピッチとは短いプレゼンテーションのこと）を一生懸命に練習する。起業家は投

資家と一緒にエレベーターに乗った数十秒の間に、自分のビジネスアイデアを売り込み、相手に「もっと話を聞きたい」と思わせ、後日、正式にプレゼンテーションする時間をもらう。「誰のために、何を、なぜやるのか」。小学5年生にでも明確にわかるように30秒で説明する訓練をする。

トークの内容を考える際のポイントは、①大義があること、②私利私欲を感じさせないこと(売らんかなの姿勢は厳に慎む)、③世の中の時流(なぜ今)を感じさせることの三つだ。「大義」というと難しいと思うかもしれないが、要は、あなたが関心を引こうとしている相手の会社の課題と世の中の課題(困りごと)の接点を見つければいい。相手が乗りやすいサーフボードを差し出し、今、この波が来たときに乗っておかないと損だと相手に思わせるというイメージだ。

ネガポジ変換で考えてみる

話をもとに戻そう。「小学5年生のギモン」をつくるポイントは、課題解決のボトルネックや根本問題は何なのかを見つけることにある。

なぜ実現できないと思うのか？

なぜコピーをとって郵便で送らなければならないのか？

なぜここでこんなにお金がかかるのか？

それらを指摘すると、「うちは昔からこうだから」など答えに合理的な理由がないことがしばしばある。「それについて深く考えてみたことがなかった」というケースもあった。ここから課題解決の道が開けていくことが意外によくある。

なぜ少子高齢化だとダメなのか？

というように、ネガティブワード（少子高齢化）を否定してポジティブに変換してみるギモンのつくり方もある。

日本は世界に先駆けて高齢化が進むことから、高齢者向けの新サービスなどをいち早く開発してビジネスモデルを確立できれば、これから高齢化が進む海外の国々に輸出できる可能性がある。このように「ネガポジ変換」をして、当たり前と思い込んでいた「常識」を逆さまにして考えてみると、課題に隠れていた新たな一面が見えてくる。これも妄想に必要な視点だ。

「常識を疑う」ことについては、僕はこんな経験をしたことがある。広告代理店で働いていた頃、新たにクライアント先になった健康食品メーカーがあった。その会社は商品を段ボールに入れて顧客に送っており、運送会社に段ボールの調達から印刷まですべて任せていた。金額にして年3億円くらいの発注額だった。段ボールの調達やデザイン・印刷から運送会社の手配までを任された僕は、まず新しい運送会社に切り替え、発注の概略を記した仕様書を送った。仕様書を書く際、僕は少し勘違いをしていて発注額の欄に3億円と書くところ、1億円と書いてしまった。あとで気づいたのだけど、聞かれたら直せばいいやと思っていたら、なんと発注額1億円のままで見積もりが出てきた。つまり健康食品メーカーは、それまで発注していた運送会社からぼったくられていたのだ。それが、たまたま僕が勘違いをしたことで発覚してしまったわけだ。

このように、いつも発注しているからと惰性で仕事をしていると、いろんな重要なことを見逃してしまうおそれがある。会社や業界の常識を疑い、しがらみや慣習をリフレッシュして「小学5年生のギモン」で考えることが重要だ。

第3章

妄想力と突破力

僕が、はなまるや吉野家と仕事をすることになったのは、広告代理店にいた僕が、はなまるうどんに飛び込み営業をしたことがきっかけだった。営業した相手は、当時、はなまるの経営企画室長で、今の吉野家社長である河村泰貴氏だ。

その頃のはなまるうどんは、讃岐うどんブームに乗って店舗を急拡大させていたが、そのひずみが経営のあちこちに現れていた。例えば、店舗オペレーションにムラがあったり、従業員教育もなかなか行き届いていなかったりと、事業拡大のスピードに組織が追いついていない状態だった。僕は自身のヤオハンジャパンでの経験から、会社が簡単に潰れることを知っている。理念やビジョンというブレない軸をつくり、しっかりと地に足をつけて経営しないといけないと、河村さんに訴えた。

当時僕は広告代理店として、広告の仕事をもらいに、はなまるに飛び込み営業をかけていたのだが、「広告屋のくせに、生意気なことを言って」と怒られることを覚悟して、経営の根幹に関わるような話にあえて踏み込んでいった。普通なら、いつ相手が怒って話を打ち切ってもおかしくない。ところが、河村さんはむしろ身を乗り出して、僕にこう聞いてきた。

「田中さんなら、はなまるをどうしますか？」

実は河村さんも、理念やビジョンの必要性を感じていて、はなまるうどんの創業者にヒアリングなどをして経営理念やビジョンを取りまとめ、経営に反映させようとしていたところだった。図らずも、二人の思いと行動がシンクロしていた。僕は、用意してきた提案（ここでは詳細を明かせないが）を次々に披露した。

飛び込み営業としてはイチかバチかの勝負だったが、僕の話す内容がはなまるの経営にとって核心を突くものだったため、河村さんは真剣に耳を傾けてくれた。そのときの様子を河村社長はこう振り返る。

「田中さんの熱意ある提案に圧倒されて2時間もお話を聴くことになった。飛び込み営業の話を2時間もうかがったのは初めてでしたし、その後もありません。きっと今後もないでしょう。そのときの熱を信じて、田中さんと組みたいと思ったんです」

妄想は実現してこそ意味がある

仕事において、「身のほど」も「怖いもの」も知らなくていい。それが僕の持論である。身のほど知らず、怖いもの知らず、それらは仕事の最強の武器になるし、妄想力によって得たアイデアを実現する際にかかせないものだからだ。

先日、とあるプロジェクトでお付き合いしているB社の幹部と会食することになった。B社は誰もが知っている世界的大企業なのだが、このプロジェクトの前までは、僕にとって何のツテもない企業だった。

「田中さんから最初に電話を受けた社員から話を聞いたんですが、彼女いわく、あやしい勧誘電話かと思ったけれど、話を聞くと面白そうだから私につないだって言うんですよ（笑）」

確かに詐欺だと思われても仕方ない！　B社でも代表番号経由でかかってきた売り込みの電話は9割以上、断っているという。

それなのに知らない人物からの電話に出て、なぜ会ってみることにしたのか？　それは、他の企業の人から僕の評判をなんとなく聞いていたのと、話の内容に興味があったからだそうだ。「実際に会ってみると、熱意と行動力があれば人脈がなくてもなんとかなることがわかり、勉強になりました」と笑顔で言ってくださった。

このケースでは、業界内のうわさと大胆なアプローチが実を結んだ。一流の人たちはつながっている。ツテをたどらなくても、仕事の成果は伝播する（もちろん悪い評判も）。どこかで見てくれている人が必ずいる。身の引き締まる思いだった。

また、僕が自分で行動したのもよかったと思う。いいことを思いつきました、じゃあ君、あの会社の幹部に連絡を取ってみて、と部下に指示するのではダメなのだ。部下に任せていたら、きっと目的の場所にはたどり着けなかっただろう。世の中にはそういうことがたくさんある。

部下の能力が低いと言っているのではない。どうしても会って提案したいという熱意、ワクワク感、パッションは、発案者じゃなければ相手に伝わらないからだ。人間は、思ったほど合理的にできていない。損得だけで人は動かないことがわかってきたから、近年、行動経済学が台頭してきた。やはり相手の行動を変えるのは、熱意、ワクワク感、パッションといった心理的要因が大きい。

妄想力で生まれたアイデアは、実現してこそ意味がある。前にも述べたように、妄想だけしているのは単に「変な人」、言っているだけでは「口先だけの人」だ。身のほど知らずに、怖いもの知らずに、ぶつかって実現していく。ある意味でクレイジーさが非常に大切だ。

吉野家の河村社長からも、こんな言葉をいただいている。

「田中さんの最大の強みは『突破力』だと思っています。私からのオーダーに対して絶対にノーと言わず、実現に向けた最大限の行動を取ってくれる。それが、私を含めた周りの『妄想力』をさらに生かすことにつながっている」

エレベーターピッチを実践しよう！

Ｂ社とのエピソードを読んで、「相手が田中さんのことを間接的に知っていたからうまくいったんじゃないの？」と思った方もいるだろう。確かにそのほうが成功確率は上がるが、僕は知名度がない人でもうまくいく可能性は十分にあると思っている。ポイントは、前章の最後で述べた「エレベーターピッチ」だ。相手とのコミュニケーションには、この超短時間プレゼンのために、念入りに準備する必要がある。

数十秒の間に相手に「面白そう」「なるほどね」「もっと話を聞きたい」と興味を持ってもらえるにはどうしたらいいのか。要は、「今の御社の課題は○○です。その理由は○○で、僕なら○○してそれを解決できます。詳しく知りたければ別途時間をください」と伝わればいいわけだ。

30秒でのトークを文字に起こすと250文字程度になる。ビジネス書やウェブを検索すると「エレベーターピッチ」のつくり方の解説がたくさん載っている。それを参考にしてもいいし、自分で試行錯誤してつくりあげてもいい。

僕の場合は、①相手の困っていること、ボトルネックを探す、②解決を考える際に従来の常識を疑う、③制約（商慣習やルーティンなど）をなくして解決策を考えてみる、の三つのステップを踏むようにしている。

あらかじめ言っておくけれど、2回や3回書き直したところで簡単にはできない。少なくとも20回くらいはつくり直さないと、実践で使えるトークにはならないだろう。

究極のワンフレーズ

30秒のトークの中には、相手の印象に残る「究極のワンフレーズ」を盛り込みたい。それはどんなフレーズなのか。

歴史上、世界で一番売れたライターは、ジッポライターと言われている。そのわけは「屋外でも火が消えないから」。ちなみに2番目に売れたのが、いわゆる100円ライターだ。こちらのワンフレーズは「ワンコイン（100円）で火が買える」。二つとも消費者の便益として最高だ。ちゃんと製品を購入・利用する立場からの便益が、短い文の中で見事に表現されている。言い換えれば、顧客が「だったらいいな」と心から思えるような特徴である。

世の中には自分のエゴを売りつけようとしているセールストークが多すぎる。そうではなく、製品を購入・利用する立場の便益「だったらいいな」をワンフレーズで言えるかどうかがポイントだ。

究極のフレーズが決まったら、何度も練習する。鏡に向かってでも、身近な人を相手にしてでもいい。最低300回は練習してほしい。練習しているうちに、相手の便益だと思っていたことがエゴだったと気づくこともある。練習相手からの感想も参考にしよう。スマホで自分のプレゼンテーションを録画してチェックするのも有効だ。そして、どんどん直していく。

難易度の高い企業から攻める

妄想というのは、普通の人が考えないことを考えることでもある。普通の人の逆を行くことも多い。人の行く裏に道あり花の山（人が群がる道を避け、その裏道を進んでいくと誰も気づいていない花の山がある）。これは、株式投資の世界で有名な格言であり、「逆張り」を指す。

例えば、あるプランがあって、A社、B社、C社、D社の4社が提案の候補企業だったとする。A社は大企業でプランが通れば大きな売り上げを見込めるが、最も攻略が難しい。B〜D社は比較的行けそうな感じだが売り上げもそこそこ。あなたならどちらから攻めていくだろうか？

僕は自分のクライアントによくこの話をするのだが、ほとんどの人は簡単なところから攻め、勢いをつけてから難攻不落の城に挑むと答える。

僕は違う。

最も難関と言われているA社からアタックする。なぜなら、そのほうが無駄がないからだ。大企業のA社が採用したとなれば、B～D社が採用してくれる確率は急上昇する。「A社が採用したのだからいいプランだ」と、A社を信用して評価してくれるからだ。おそらく、二つ返事で採用されるに違いない。だが、B社からアプローチしたら、A社による評価がないので、自分たちで評価しなければならない。時間がかかる上、もしB社に断られたら、C社やD社の採用も危うくなる。

仮に、先にA社を攻めて断られても、もともと「難攻不落」と言われていたのだから、B～D社への提案には何のマイナスの影響もない。A社に断られた原因を分析して改善すれば、もっと提案内容がよくなるかもしれない。結局、難しそうなところから攻めるほうが効率がいい。社内承認をとる場合も同じだ。最も難しそうな人から話を持っていく。そのほうが最終的には効率がいい。

とはいえ、攻略が難しい相手に向かっていくのは、かなりの勇気が必要だ。自分には無理だと、はなから諦めてしまう人も多い。「自分はあの人とは違う」と勝手に思い込んで二の足を踏んでしまうこともあるだろう。

僕も「自分には無理だ」と簡単に諦めていた時代があった。様々な経験を積むうちに、限界を自分で決めていたことに気づいた。

そんなとき出合ったのが次の言葉だ（僕はマザーテレサの言葉として人から聞いたのだが、いろいろ調べると諸説があり、原典は不明なようだ。誰が言ったのかわからなくても、心に響く言葉だと今でも思っている）。

思考に気をつけなさい。それはいつか言葉になるから。
言葉に気をつけなさい。それはいつか行動になるから。
行動に気をつけなさい。それはいつか習慣になるから。
習慣に気をつけなさい。それはいつか性格になるから。
性格に気をつけなさい。それはいつか運命になるから。

二つのマインドセット

思考を変えていけば、行動や習慣が変わり、ゆくゆくは性格や運命までもが変わる。まずは、思考を変えてみよう。そのためにも、限界や常識にとらわれない「妄想思考法」をお勧めしたい。

人には、「グロースマインドセット（Growth Mindset）」と「フィクストマインドセット（Fixed Mindset）」のいずれかの心理的傾向があるといわれている。

グロースマインドセットは、才能や資質に関係なく努力すれば能力をいくらでも伸ばせる、フィクストマインドセットは、能力や才能は先天的なもので努力してもあまり変わらない、という考え方のことを指す。こう説明すると、グロースマインドセットのほうが圧倒的にいいし、そうありたいと思うのだが、自分の現実を振り返ってみると、フィクストマインドセットであるときが多いのではないだろうか。

僕の場合、思考を変えるために、自分で日々、「今、自分はフィクストマインドセットになっていないか」と意識し、「やばい、やばい。自分で限界をつくってはいけない」と言い聞かせた。この経験を繰り返すことで、無理だと諦めそうになっていることにもチャレンジできるようになった。

妄想力アップに効くコラム 2

水の入ったコップをどう見るか？

ガラスのコップにちょうど半分の量の水が入っている。ある人は「水が半分入っている」と見るが、別の人は「半分は空である」と見る。このように同じ現実が目の前にあっても、本人の捉え方や価値観でまるで意味が変わってしまうことがしばしばある（米国の著名な経営学者ピーター・ドラッカーによると、「半分は空である」との見方がイノベーションにつながるという）。

グロースマインドセットとフィクストマインドセットもこれに似ている。同じような場面に出くわしたとき、「自分にはできない」と引き下がるのか、それとも「頑張ればなんとかなるんじゃないか」と踏みとどまるのか。こうした反応はその人の価値観や思考様式を表すものであり、前者はフィクストマインドセット、後者はグロースマインドセットに当てはまる。

この分野の研究の第一人者であるスタンフォード大学心理学教授のキャロル・ドゥエックは、著書『マインドセット』（草思社）の中で、面白い研究結果を紹介している。フィクストマインドセットを持つ教師の指導を受けたクラスの生徒たちは、学年の始めと終わりで成績の分布が変わらなかったが、グロースマインドセットを持つ教師の指導を受けた生徒たちは、学年の始めの水準に関係なく、学年の終わりに全員が成績良好群に入っていたという。

上に立つ者のマインドセットは、組織全体に影響が及ぶことをリーダーの人たちは肝に銘じてほしい。

「世の中のため」は無敵

Ｂ２Ｂで他社に何かを提案するとき、かつては、いかに利益が出るかだけが、提案が受け入れられるかどうかの判断基準だった。今でも利益は重要なファクターであることに変わりないが、判断の重要な基準はほかにもある。それは、社会課題の解決（もっと単純にいえば社会貢献）に役立っているかである。

妄想プランは基本的に「一緒に組みませんか？」という提案になることが多い。その際、「一緒にしこたま儲けませんか？」よりも「社会課題解決のために一緒に汗をかきませんか？」のほうが、相手が乗ってきやすい。

ご存じの人も多いと思うが、国際連合は２０３０年までに持続可能でよりよい世界を目指す国際目標として17のゴール・１６９のターゲットから構成されるＳＤＧｓ（持続可能な開発目標）を打ち出しており、世界中の企業がこれをガイドラインにして事業に取り組んでいる。

特に、国際的な大企業ともなれば、自分たちがＳＤＧｓやサステナビリティーに対してどれだけいいことをしているかを書き記した「統合報告書」を年に１回とりまとめて、投資家向けに公表している。つまり、企業に投資する機関投資家たちは、企業がＳＤＧｓやサステナビリティーにどれだけ貢献しているかに大きな関心を持っているのだ。貢献が少ない、あるいは悪影響を及ぼしていると判断した場合、資金を引き揚げるケースも増えてきている。

社会貢献をしているかどうかは、今や企業の事業継続に大きく影響している。だから、利益が出て社会貢献にもなるプランがあれば、企業は強い関心を持つ。

ここでは、妄想的アイデアを企業に提案し、受け入れてもらうためのテクニックとしてこの話をしているが、そもそも仕事とは自分の能力を社会に還元することだと僕は信じている。その方向性としては、国際的な観点からはＳＤＧｓという課題があるし、それ以外にも各業界や地域に課題があり、それらの解決に貢献するのでもいい。公利公益を視野に入れていれば、突破力は自ずと上がっていくはずだ。もちろん、仕事はボランティアではないので、必ず利益をあげ、自分の会社だけでなく、関わったすべての人が幸せになることが重要だ。

PART 2

妄想力と組織論

第4章

妄想力とチームビルディング

ここでおとぎ話に一席お付き合いを！　定番中の定番である「桃太郎」なのだが、よく知っているという人は飛ばしても構わない。

むかしむかし、
あるところにおじいさんとおばあさんがいました。
ある日、おばあさんが川で洗濯をしていると
川上から、見たこともない大きな大きな桃が
どんぶらこ～　どんぶらこ～
と流れてきました。

おばあさんが大事に持ち帰った桃を
おじいさんと切ろうとすると、
桃はぱかーんと二つに割れて、
中から元気な男の赤ん坊が出てきました。

おじいさんとおばあさんは、びっくり仰天。
桃から生まれたその子に桃太郎という名前を付け
自分たちの子として育てることにしたのです。
桃太郎は元気にすくすくと育ち、
やがて立派な青年になりました。

その頃、近隣の村々は、
鬼ヶ島からやってきた鬼たちに次々と襲われ、

金品や宝物を根こそぎ強奪され、
村人たちはなすすべもなく困り果てていました。

その様子を見て、桃太郎はたまらず立ち上がりました。
「僕は鬼を退治するため鬼ヶ島に行ってきます」
おじいさんとおばあさんは、心配しながらも
旅の支度をしてくれました。
お弁当のきびだんごと、刀、装束を用意し、
桃太郎を送り出しました。

鬼ヶ島への道中、イヌが話しかけてきました。

「桃太郎さん、お腰につけているものは何ですか?」

「日本一のきびだんごだ」

「一つくれませんか?」

「これから鬼を退治するため鬼ヶ島に行く。
ついてくるなら一つやろう」
イヌはきびだんごを一つもらって
桃太郎の家来となりました。

さらに行くと、今度はサルが
またさらに行くと、キジが
「桃太郎さん、お腰につけているものは何ですか？」

「日本一のきびだんごだ」

「一つくれませんか？」

と、声をかけてきました。

「これから鬼ヶ島に鬼退治に行く。

ついてくるなら一つやろう」と桃太郎が言いました。

サルとキジもそれぞれきびだんごをもらって家来になり、

一緒に鬼ヶ島を目指すことにしました。

絶海の孤島、鬼ヶ島に到着した桃太郎。
サルが自慢の身軽さで塀をよじ登って門を開けると、
キジは空中から鬼たちをつつきまわし、
イヌは鋭い牙で噛みつき、
桃太郎と一緒に鬼たちを次々と倒していき、
ついに桃太郎と鬼の大将と一騎打ちに。
桃太郎は鬼の攻撃をひらりとかわすと、刀で一撃。
桃太郎の強さに圧倒された鬼の大将は降参し、
もう悪さはしないという誓いを立て、
奪った宝物をすべて返しました。

こうして桃太郎は
無事におじいさんとおばあさんのもとへ帰り、
その後は幸せに暮らしましたとさ。
めでたし、めでたし。

鬼退治は桃太郎の妄想から始まった

いきなりおとぎ話から始めたが、桃太郎の話、ちゃんと思い出していただけただろうか。

イヌ、サル、キジをお供に連れて鬼退治をしたことで有名な桃太郎だが、実はこのストーリーが、僕が考えている組織のあり方、妄想力の活かし方を説明するのにとてもわかりやすいので、あえて長々と紹介した。

桃太郎は社長（あるいはチームリーダー）であり、イヌさん、サルさん、キジさんは、社員（あるいはチームメンバー）と考えてみよう。企業というものは、日々様々な課題解決に取り組んでいるわけだが、この話の場合、課題は「鬼による被害をどうしたらなくすことができるか」であり、桃太郎はこの課題を解決するために「鬼退治」に出かけた。

なぜ桃太郎は恐ろしい鬼の大群に勝てたのだろうか？

もしたったひとりだったら、果たして勝てたのか？

童話の主人公だから勝てるという答えはナシだ。僕は桃太郎ひとりでは厳しかったのではないかと思う。大勝利を収められたのは、優秀な社員、つまりイヌさん、サルさん、キジさんのおかげだと見ている。社員たちはそれぞれ自分の能力を最大限発揮してくれた。

では、なぜこんな鬼退治という危険なプロジェクトに優秀な社員が集まってくれたのだろうか？　その答えはもうわかっている。「きびだんご」だ。

本題はこれからだ。会社経営にたとえると、きびだんごとは何のメタファーなのか？

村人を襲い続けてきた恐ろしい鬼の大群を相手にするのだから、命をかけた危険な闘いになる。鬼退治なんてそれまで誰も考えたことがない。「鬼と闘っても勝てるわけがない」と誰もが信じて疑わなかったからだ。つまり、鬼退治というのは桃太郎の「妄想」だったのだ。

その妄想に対して、イヌさん、サルさん、キジさんは、きびだんごを一つもらえるだけで、喜んで参加してくれた。そんな魔法のようなきびだんごとは、いったいどんなものなのか。

あなたのきびだんごは、おいしいか？

おとぎ話上は「日本一のきびだんご（あるいは『日本一おいしいきびだんご』）」となっている。それを企業で考えると、真っ先に浮かぶのは「お金」あるいは「報酬」だ。優秀な社員を採るために、高い報酬を出す。ごくごく自然なやり方だ。

では、あなたの会社が至高のきびだんご1個で優秀な社員を採用したとしよう。でもしばらくして、その社員の実績に目をつけた他社が「きびだんごを2個あげますから、うちに来ませんか？」と言ってきたらどうなるか。いわゆるヘッドハンティングだ。「報酬」が動機なら、その社員があなたの会社にとどまってくれる望みはほとんどない。

「報酬」は一見すると有力なきびだんごに思えるが、金の切れ目は縁の切れ目で、お金だけでつながった関係は案外もろいといえそうだ。

みんなが心引かれるおいしいきびだんごとは、どんなものか。僕はそのおいしさに「妄想力」が大きく関わっていると主張したい。

きびだんごの原材料は妄想である

きびだんごの正体は、その仕事、その会社のパーパス（志）、ドリーム（夢）、ビリーフ（信条）にパッションを加えたものだと僕は思う。情熱をかき立てられる志であり、もはや妄想レベルのドリームであり、そこには強烈なパッションがほとばしっている。

桃太郎の話で「鬼」というのは社会課題だ。村人みんなが、鬼の被害に困り果てていた。前述のように、鬼を退治すれば社会課題の解決になる。優秀なイヌさん、サルさん、キジさんは、桃太郎の社会課題を解決する壮大な妄想、言い換えれば「鬼を退治して村の平和を取り戻す」という夢に共感してくれたからこそ、きびだんごの成分（ほとんどが炭水化物）が胃腸で消化されてからも、熱意を持って懸命に闘ってくれた。

これと同じことが、企業経営にも言える。その企業が抱いている壮大で意義のある夢に共感してくれる優秀な人材こそが、どんな環境変化や難問にぶつかっても、めげずに最高のパフォーマンスで貢献してくれる。

義理人情の話をしたいわけではない。実際、優秀な人ほど、リーダーのパッション、チームのパーパス、ドリームに共感して仕事をともにしてくれることを、僕は経験で知っている。

前述のように、はなまるうどんでダイオウイカ天のエイプリルフール企画を手がけたときも、普通に考えたら条件的にあり得ないくらいの優秀なクリエーターたちが賛同してくださり、プロジェクトは低予算ながら大成功を収めた。

讃岐うどんというのは、気取ってなくて、いつでも気軽に食べることができてうまい。香川の本物の味を世の中に伝えたくて膨らみに膨らんだ妄想に、そして僕の命をかけてでもこのうどん店を広めるんだという必死の情熱に、共感していただいたんだと思う。

お金に関係なく是が非でも参加したくなるパーパスやドリーム、パッションを提示できたこと。これこそが桃太郎の鬼退治が成功した最大の要因だと言っても過言ではないと思う。

お金への満足感はすぐ天井に達する

では、会社や社員が持つべき夢とは、なんだろうか。

東証プライム上場？　起業したからには目指したい一つの重要なポイントではある。でもそれが叶ったら、次はどうするのか。叶ったらそれで終わりということは当然ない。その先にある目標は何か。高給取りになること？　それだとたぶん、優秀な人にとっては非常につまらないと思う。

限界効用という話を聞いたことがあるだろうか。

夏の暑い日にビールを飲むと、おいしくてとても幸せな気持ちになる（酒が嫌いな人は、アイスクリームでもいい）。でも、ジョッキ2杯目、3杯目と進むにつれて、1杯がもたらす幸福感はだんだん減っていき、5〜6杯目には惰

1!
2
3
ジョッキを重ねるごとに満足度は低下する

性で飲むようになってしまう。このように投入する量が増えるとともに効用が減ることを限界効用という。

これは、ビール（アイスクリーム）だけでなく、お金にも当てはまる。米国の高名な経済学者でノーベル経済学賞を受賞したダニエル・カーネマンの研究によると、「収入と幸福度は比例するが、年収7万5000ドルで、幸福度はほぼ頭打ちになる」という。限界効用の金額はさておき、年収を上げれば上げるほど部下のモチベーションが上がるわけではない。だんだんと効果が薄れていくことをカーネマンは証明した。

給与と満足度の関係でもう一つ興味深い学説がある。

それは、米国の心理学者フレデリック・ハーズバーグ（1923～2000年）が提唱した二要因理論だ。彼は人の仕事に対する欲求を「動機付け要因（満足要因）」と「衛生要因（不満足要因）」の二つに整理した。前者は労働者の満足度を高める要因、後者は労働者の不満を高める要因だ。ハーズバーグは「給与」を不満足要因に分類している。つまり、給与を上げることは不満解消（給与が少ないと不満がたまる）にはなるが、やる気アップにはそれほどつながらないということだ。

ハーズバーグの二要因理論

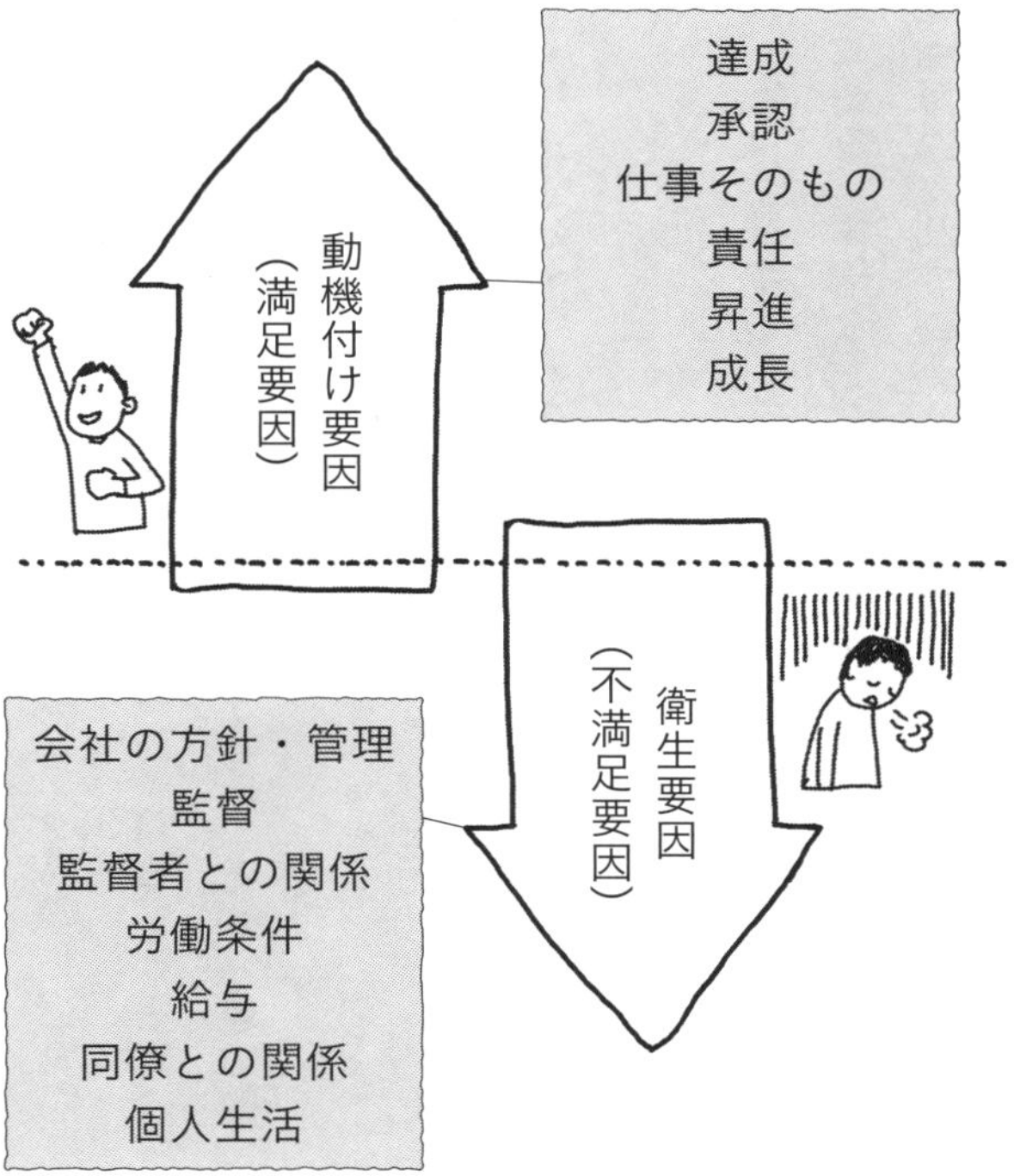

一方、ハーズバーグが動機付け要因のトップに挙げているのが「達成（感）」だ。彼が2要因理論を発表したのは1959年のことだが、「達成感」を現代に当てはめて僕流に解釈すると、課題解決で得られる感覚になるのではないかと思っている。鬼退治と同じく、社会に貢献できる事業活動をしている企業こそが、魅力的であり、社員のモチベーションが高まる。

古くて新しい近江商人の哲学「三方よし」に学ぼう

企業というのは、もはや株主の利益のためだけに存在する時代ではない。例えば、地球温暖化が急速に進み、極端な話だけれど、もし人が住めなくなったら事業どころではない。地球環境が保たれてこそ、そして社会の安定があってこそ、企業は事業を継続できる。温暖化で地球に危機が迫っていることは科学的にも証明されている。それを無視して自分さえ良ければいいという姿勢で金儲けに走ることは許されない時代になった。

ただし、企業である以上は、ボランティアではなく利益も追求しなければならない。つまり、企業には、課題解決と利益の両立が求められている。そのためには、手がけている事業が世の中をよくすることにつながるよう構造やビジネスモデルを見直し、そこで働く社員一人ひとりが「自分の仕事はそのゴールにつながっている」とイメージできるようにする必要がある。これを実践できる企業だけが、今後も持続的に成長できるだ

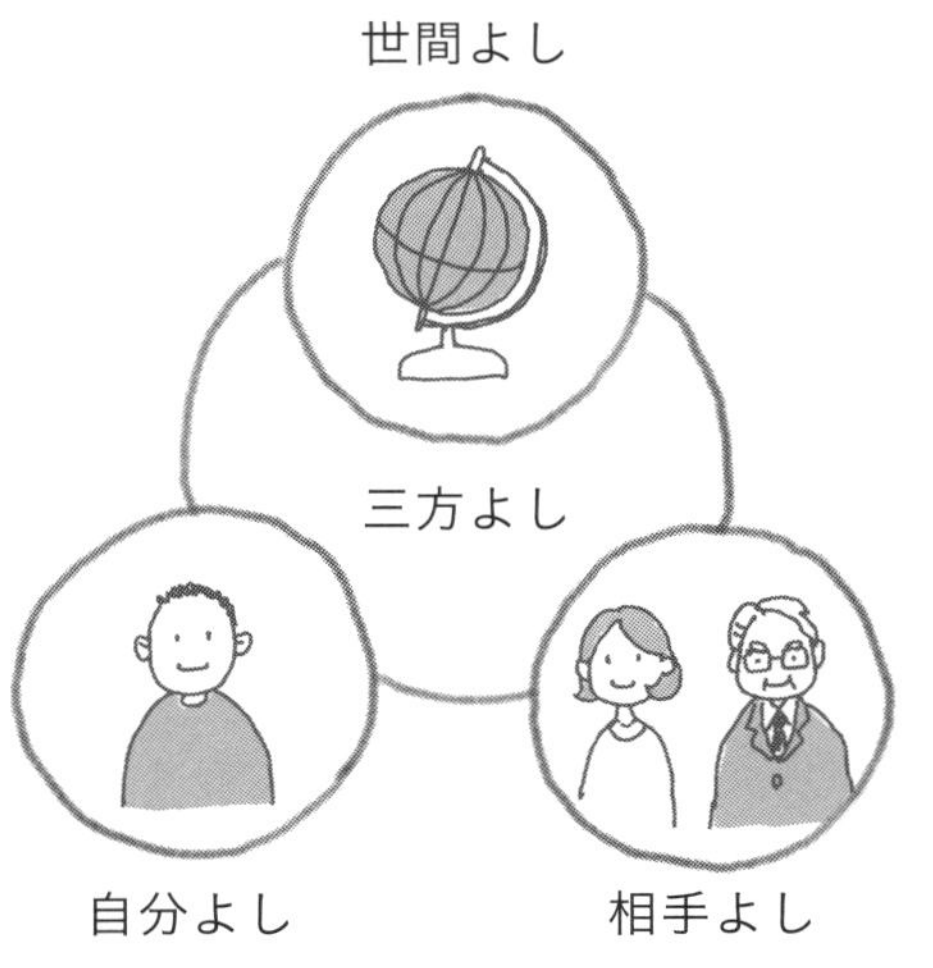

近江商人の持続可能ビジネスの知恵

ろう。

近江商人の商売の哲学に「三方よし」がある。三方よしとは、売り手よし、買い手よし、世間よし。商売に関わるすべての人が幸せになる商売こそが長続きするという考え方だ。僕はこの考え方が大好きだ。仕事をするときの自己チェックとしても、「三方よし」を常に活用している。いろんな企業とお付き合いしてきて、最近特に、この言葉をよく聞くような気がする。この三方よしに、SDGsやサステナビリティ、そしてパーパス経営を合体させれば、現代版の「三方よし」経営が出来上がる。

旅に出るには、地図と仲間と武器が必要だ

仕事は旅のようなものだと僕は思う。そして旅の行き先はパーパス（北極星と例えられることも多い）であり、そこに向かって進んでいくには、地図と仲間と武器が必要だ。地図とは、自分の現在地と北極星を妄想することから始まる。これは個々のプロジ

エクトにおいてももちろんだし、自分の仕事人生においてもいえることだ。人は旅をするとき、必ず地図と時刻表を見るものだが（今はグーグルマップかもしれないが）、なぜ人生においてもそうしないのか。北極星も地図も、与えられるものではなく、自分たちで見つけ、つくるものだ。パーパスは抽象的な概念であることが多いので、前述のパッション・ドリーム・ビリーフの明確化によってパーパスの解像度をどんどん上げていく必要がある。それをもとに自分専用の地図をつくっていく（仕事用、個人用の２種類あってもいい）。時刻表は、ゴールにたどり着くまで、いつ、何をするのかを時系列に落とし込んで作成する。

そして最高の仲間を誘う。一人でやれることは限られているし、たいしたことはできない。パーパスやドリームを実現するには、桃太郎についていったイヌさん、サルさん、キジさんのように、自分にない能力を持った仲間が欠かせない。

僕はいつも、優秀な人、一流な人と仕事をしたいと思っている。一流な人とは、大義が胸にあり、おごらず、謙虚だ。そして同時に、このような方々は必ずクレイジーである。現代においてクレイジーとは、最高の褒め言葉だと考えてほしい。

一流の方と一緒に仕事をすると、自分のちっぽけさや至らなさが、気恥ずかしいほどに洗い出されて、視野が広がるのを感じる。そんな一流の人たちと、同じ志を持って、妄想を実現できたら、こんな幸せなことはない。人生は短い。まごまごしている暇はない。勇気を出して、今すぐ最高の仲間と旅に出る準備を始めよう。

妄想力アップに効くコラム 3

スティーブ・ジョブズも妄想を推奨した⁉

アップル共同創業者のスティーブ・ジョブズは2005年6月、スタンフォード大学の卒業式に招かれ、卒業生に向けてスピーチした。これはのちに「伝説のスピーチ」と呼ばれる感動的なもので、今でもYouTubeなどに映像があるので、気になる人はぜひ見てほしい。このスピーチが〝伝説〟となったのは、あまりにも有名な締めの言葉だ。

Stay hungry, Stay foolish！

ジョブズが若い頃に愛読していた『全地球カタログ（The Whole Earth Catalog）』という本の最終版（何回か出されていた）の裏表紙に載っていた写真下に書かれたフレーズだった。これを引用して、「常に自分自身もそうありたいと思ってきた」と述べ、卒業生にもそうあってほしいと呼びかけた。

このフレーズを普通に訳せば「ハングリーであれ、愚か者であれ！」となるが、僕にはジョブズが「みんな、もっと妄想しようぜ！」と訴えかけたように思えてならない。

皆さんもご存じの通り、ジョブズは30歳のと

き、自分で創業したアップルから追い出され、どん底に陥った。けれども、会社経営の重圧から解放され、「人生で最も創造的な時期を迎えることができた」と言い、アップルから追い出されたことは、「人生で最も幸運な出来事」だったとネガポジ変換で振り返る。

そこから見事にはい上がり、それまで以上の偉業を成し遂げることができたのは、テクノロジーで世界を変えるという夢と「妄想力」があったからではないだろうか。

第5章

旅の目的地

吉野家のきびだんご

うまい、やすい、はやい

吉野家の牛丼といえば、日本中のほとんどの人にこのフレーズが思い浮かぶのではないかと思う。現在僕は、吉野家のＣＭＯを務めているが、これから話すのは、僕が吉野家に関わる前の出来事だ。

2000年初頭、日本はBSE問題に揺れていた。BSEは牛海綿状脳症のことで「狂牛病」と呼ばれることも多い。日本では2001年9月に千葉県で初めて確認され、その後も各地で発見されて大騒ぎになった。当初は米国の輸入牛肉なら安心ということで、キャンペーンなども行われたが、2003年12月にその米国でもBSEが発見され、牛肉・牛肉製品の輸入が停止されることになった。

2004年2月、吉野家は牛丼の販売を休止した。だが、吉野家はその年、黒字を計上して終わった。

牛丼のない吉野家に戸惑った消費者も多かったかもしれないが、吉野家は揺るがなかった。それはなぜか？　吉野家は牛丼屋ではないからだ。

当初、吉野家の社員のほとんどは、世の中にうまい、はやい、やすい牛丼を提供することこそが吉野家のミッションであると信じ込んでいた。だが本当にそうだろうか。苦境に立たされたときこそ、深い思考が必要となる。

吉野家は牛丼専門店ではない

僕は、企業が抱える問題や課題の答えというのは、会社の外側にではなく、内側にあると思っている。実際、吉野家も牛丼を提供できなくなりそうになったとき、「創業の原点」に立ち戻って、自分たちは何のために存在しているのかを自問した。

吉野家の創業は１８９９年（明治32年）にさかのぼる。大阪から東京に上京してきた松田栄吉は、当時はやっていた「牛めし」に目を付けて牛丼を編み出し、「吉野家」の屋号で日本橋に店を開いた。当時、日本橋には日本最大の魚市場があり、そこで働く大勢の人たちから人気を博した。その後、関東大震災や東京大空襲などで店は何度か焼失してしまったが、いずれも地元の人たちから再開への熱烈な要望があり、「人々に活力を提供したい」という思いから店を復興させて、営業を再開した。

こうした経緯からあらためてわかるのは、吉野家の使命は、「どんなときにでも、安定した日常食を絶やさずに提供し続ける」ことだった。

その日常食が「牛丼」だったわけだが、この創業の志から考えれば、必ずしも日常食を「牛丼」に限らなくてもいいはずだ。

創業の志が確認できたからこそ、経営陣も社員たちも、牛丼以外の日常食の提供に自信とパッションを持って取り組むことができた。以来、吉野家は、牛丼のみならず自由な発想でメニュー開発や戦略を展開していけるようになったと僕は思っている。

つまり、この危機を経験したおかげで、吉野家は「牛丼専門店」から、「日常食を絶やさず安定的に提供することで社会に貢献する企業」という北極星に向かうパーパス志向の企業に脱皮できたのではないかと思う（その頃「パーパス経営」という言葉はなかったが）。吉野家は存続の危機を経験し、「創業の志」といううきびだんごを再発見することができた。

いい会社を妄想してみる

企業の善し悪しを見分けるのに「ホワイト企業」「ブラック企業」という言葉がよく使われる。だが、このようなレッテル（特に前者のほう）は、自分で実際に確認するまでは、あまり信用しないほうがいいと僕は思っている。もちろん、残業時間が多すぎて自殺者やうつ病の発症者が出るような会社は、ブラック企業に即確定してもらって構わない。一日も早い経営の刷新が必要だ。

問題は、ホワイト企業のほうだ。２０１７年頃、産業界で「働き方改革」がブームのように盛り上がり、多くの企業が改革と称して労働時間（残業時間）の短縮や休日の取得促進などに取り組んだ。その取り組み方は様々だが、僕の印象では、多くの企業は時間数や休日取得数などの外形的な数字の改善にとらわれ、仕事へのモチベーションや充実感、達成感をどう引き上げるかという最も重要な問題に手をつけていない。

これこそ「働き方改革」の本丸であるべきなのだが、やっているふりをして終わっているところが少なくない。

忙しいのは悪いことではない。もちろん、健康を害するほどの過重労働はよくないが、のめりこみたくなるほどやり甲斐がある仕事に没頭して忙しいのなら、それは最高に幸せなことだ。自分の北極星に向かって、夢を描き、信念を持って着実に進んでいると実感できたら、休んでなんかいられないと思うのが普通なのではないだろうか（そう思わない価値観があっても僕は否定しない。いろんな視点からの意見があるべきだ）。

いい会社とは、働くことが本人に幸せをもたらす会社、つまりは、いいきびだんご（パーパスやドリーム、パッション）のある会社だと思う。

もっといえば、企業や部門のパーパスやドリームと、社員個人のパーパスやドリームが合致したとき、ものすごく大きな共鳴のパワーが発生する。この二つが重なり合っていれば、社員に対していちいち指示を出さなくても、彼らは自律的に考え、行動してくれるようになる。そして、仕事は最高に幸せなものになるはずだ。

パーパス策定に向けプロジェクトチームを編成

社員が自律的に動くいい会社にしていくには、いいきびだんごが必要である。では、そのきびだんごをどうやってつくればいいのだろうか。

現在、会社が存続できているということは、社会において何らかの存在意義があるはずだ。例えば、吉野家でやったように、「創業の志」をさかのぼって調べていくのもお勧めだ。創業者というのはパワフルでクレイジーな人（最高の褒め言葉）が多いので、思わぬ発見があるかもしれない。「創業者の妄想」を知ることができたらしめたものだ。

「パーパスを見つける」とあえて述べたのには理由がある。パーパスは、つくるものではないからだ。すでにその組織、企業の中にあるもので、それを発掘して磨くことが、パーパスの正しい策定作業だと僕は思っている。

パーパスを策定しようということになったら、僕は、幹部クラス・ミドルクラス・若手クラスの社員をバランスよくそろえたプロジェクトチームを編成し、その中にそれぞれ5人程度からなる四つのチームをつくって、パーパス決定のための基本情報を収集するようにしている。

よくある失敗は、幹部クラスと外部コンサルだけで進めてしまうケースだ。これでは、社員の心に響くパーパスは生まれないし、決めたあとも組織内になかなか浸透しないだろう。そもそも誰か頭のいい人がつくったお仕着せのパーパスに共感せよというのが無理だ。社員は、内発的に生まれたものにしか共感できない。その意味で、幹部クラスのほかにミドルクラスと若手クラスの人材をプラスしている。

プロジェクトチームの編成に当たり、ミドルクラス・若手クラスからは、将来の幹部候補、つまりみんなをリードできる人材を選定する。彼らは「自分ごと」としてパーパス発掘プロジェクトに取り組み、「自分ごと」として伝道師になって社内に広める役目も果たす。

四つのチームとは次の通りだ。

①過去調査チーム
②未来調査チーム
③他社調査チーム
④市場調査チーム

各チームでやるべきことを一つずつ見ていこう。

①過去調査チーム――創業の志を見つける

最初に過去調査チームが動き出す。

このチームの役割はきわめて重要で、創業からの会社の歴史を細部にわたって紐解いていく。創業の経緯や創業者・創業時代の社員たちの想い、発言、行動、当時の業界の状況などを調べ上げ、パーパスの原石を掘り起こす。

様々な時代を経て、あらゆる波を乗り越えて今の姿になっていたとしても、創業時には、なぜその社業を始めたのかという熱い思い、パッションが必ずある。そして、多くの場合、時間がたつにつれてそれが埋もれてしまっている。会社は生き物であり、創業者のＤＮＡはどこかに見て取れる。自分たちのルーツを知ることこそ、パーパス発掘の最も重要な工程だ。何のために自分たちの会社が生まれたのか。その思いを掘り起こして磨き上げ、パーパスとして全社員で共有できれば、新たなパッションに結びつくに違いない。

②未来調査チーム――10年後の自社と業界を想像する

このチームは、10年先の世界情勢をはじめ、金融情勢、政治経済、人口動態など多岐にわたり調査する。まずは、金融系、投資系、コンサル系の資料をできるだけ集め、読み込むことから始め、エッセンスを抽出し、自分たちの会社と業界について10年後の未来予想図をとりまとめる。「そんなものは、外部コンサルに発注すればすぐにできる」と思う人がいるかもしれないが、自分たちで資料を集め、考え、言語化することと自体に意味がある。コンサルには見えないものが見え、何より視座を高めることができる。

③他社調査チーム――ライバルの未来も想像してみる

調べるのは自分の会社だけではない。同じ業界・業種でもいいし、まったく違っていてもいい。自社がモデルにしたいと思う将来性のある好調な企業を5社くらい選定し、その会社がこの先10年で何をしようとしているか調べる。経営の強みは何か、どんな企業文化を持っているのか、パーパスやドリームは何か、サステナビリティーやSDGsについてどんなことを考えているのか、可能な限り探ってみる。さらにその企業のPDBが実際の経営にどうつながり、どう生かされているのかなどを調べて、自社の経営に仕組みとして取り込んでいける要素を研究する。

④市場調査チーム――5年先の市場規模、自社のシェアを予測する

このチームでは、自社の事業別に、今後5年先くらいまでの市場規模の変化や競争状況などを調べる。新規事業の市場規模を予測するのに、TAM（Total Addressable

Market）、ＳＡＭ（Service Addressable Market）、ＳＯＭ（Service Obtainable Market）という指標がよく使われるが、これを活用してもいい。ＴＡＭとはある事業がシェア１００％になったときの市場規模、ＳＡＭはその会社が獲得できる最大の市場規模、ＴＡＭは実際にアプローチ可能な現実的な市場規模のことだ。

参考例として、民泊仲介大手の米Airbnbが２００８年に作成したプレゼン資料にＴＡＭ、ＳＡＭ、ＳＯＭが載っているので参照してほしい（https://www.slideshare.net/ryangum/airbnb-pitch-deck-from-2008）。これによると、ＴＡＭは「世界中の宿泊施設の市場規模20億ドル」、ＳＡＭは「格安ホテルかつオンライン予約可能な宿泊施設の市場規模5億６０００万ドル」、ＴＡＭは「Airbnbのシェア（売り上げ）８４００万ドル」と示されている。市場における自社のポジションや今後の成長可能性を判断するためにも、事業別にこの三つの市場規模の数字は押さえておきたいところだ、

四つの調査チームのレポートをまとめていくと、自分たちが何者で、何を目指せばいいのかがだんだん見えてくる。

組織の暗黙知を形式知にする

次のステップは、見えてきた存在意義やパーパスを言語化することだ。言いたいことが見えてきても、どんな言葉をチョイスするかで、相手に伝わる印象や意味、ニュアンスは微妙に変わってくる。気をつけないとブレも大きい。そのため、何度も練り直す必要がある。

組織は生態系であり、同じ組織は世の中に一つもない。だから、存在意義やパーパスも唯一無二の言葉や表現になるべきだ。当然、他社の真似をしてもうまくいかないし、他社でも言えそうなぼんやりした言葉だと意味がない。その組織のいわば「魂の叫び」を言語化する気持ちで取り組んでほしい。

実際にパーパスを検討する際には、四つのチームの調査報告をもとに、幹部だけでなく社内の各階層、年齢層の社員をまんべんなくそろえたチームをつくり、基本的にはそのチームに任せてつくらせるのが望ましい。トップが口を出したくなる気持ちはわかるが、社員が自分たちでつくったという痕跡がはっきり残っていることが重要だ。

パーパスのあるなしでこれだけ違う

前述のマザーテレサの話と同様、出典が定かではないのだが、僕は3人のレンガ職人の話が好きで、クライアントなどによくしている。その話のあらすじはこうだ。世界を巡っている旅人が、ある国のある街の建築現場で、レンガを積んでいる職人を見かけ、「あなたは何をしているのですか」と尋ねた。

職人は「レンガを積んでいるんだ。見ればわかるだろう。ちゃんと働かないと親方に怒られるからな」と答えた。

もう少し歩くと、また別の建築現場でレンガを積んでいる人がいた。旅人が再び同じ質問をすると、2人目の職人は「レンガ積みが俺の仕事だ。この仕事があるから家族をなんとか食わせてやれるんだ」と答えた。

旅人がさらに歩くと、また別の建築現場でレンガを積んでいる人がいた。旅人がまた同じ質問をすると、３人目の職人は「俺は、人々の心の拠りどころになる歴史に残る大聖堂をつくっているんだ」と胸を張って答えた。

話にはいろんなバリエーションがあるが、だいたいこんなあらすじだ。１人目の職人は指示・命令されて仕方なく、２人目は生活のため、３人目は自分の「夢」のために働いており、やることは同じでも、働くなら３人目の職人のようにありたいという訓話である。

働くモチベーションとしては、３人目が最も高いのは明白だ。それは、１人目と２人目が外発的圧力（指示・命令や生活費を稼ぐため）によって動いているのに対し、３人目は「夢を追う」という内発的動機（本人の内側からわいてくるやる気）に突き動かされて働いているからだ。ドリームやパーパスがなければ、あなたの組織は１人目や２人目の職人ばかりになってしまうかもしれない。

パーパスマップ活用の勧め

パーパスをつくったものの、社員への浸透のさせ方について頭を悩ましているリーダーも少なくない。僕もよく相談を受けることがある。

そんなとき、役に立つのが「パーパスマップ」だ。これは僕が発案したもので、社会還元方程式とも呼んでいる。「社会還元」とは「すべての仕事は、自身の能力・できることを通じて社会に還元するためにある」という意味で、これは僕の持論だ。

このパーパスマップは、企業や部署のパーパスから、自分が何をすべきか、どうやってすべきかを考えるのに役立つ。いわば「地図」のようなものだ。縦軸には夢の実現度、横軸には時間をとり、長期にわたって夢にどう突き進んでいくかが時系列でイメージできるようにした。

使い方は簡単だ。

①まず、「PURPOSE（パーパス）」と「BELIEF（信条）」を書き込む。

②左下の「WHY（なぜ）」に自分たちはなぜ存在するのか、何のために事業をするのかの理由を書き込む。当然、そこにはパーパスが色濃く反映されるはずだ。

③次に、右上の「DREAM（ドリーム）」を記入する。「パーパス」がやや漠然としている（抽象的な概念）のに比べて、「ドリーム」は頭に映像が浮かぶよう解像度をやや上げて書く。ここが妄想力の活かしどころだ。パーパスという軸がぶれていなければ、どれだけぶっ飛んでいてもいい。この「ドリーム」が、各社員の北極星になる。

④「ドリーム」が決まったら、次に考えるのは「HOW（どのように）」だ。自分たちの事業を通してどうやったらパーパスやドリームを実現できるのか。

ここで重要なのは、企業としての取り組みなので、利益を出すことが必須条件となる（資金回収をどのくらいの期間まで認めるかはその企業次第だ）。社会課題解決と利益を両立させることを常に念頭に置いて考える必要がある。

⑤最後に「WHAT（何を）」を記入する。ここには自社の製品・サービス（既存のもの、これからつくりたいもの）が入る。

記入する上で「ＢＥＬＩＥＦ（信条）」というのがわかりにくいかもしれないが、これは、「ドリーム」を目指すに当たって譲れない思いや行動様式のことだ。つまり、ここには自分たちの価値観が表現される。「信条」はその人の行動基準であり行動パターンの源になる。この「信条」こそが、「ドリーム」に向かって突き進むための推進力になる。

お気づきの方がいるかもしれないが、このパーパスマップは著書『ＷＨＹから始めよ！』（日本経済新聞出版）で知られる米国の作家サイモン・シネックの「ゴールデンサークル理論」を一部取り入れている。

企業に属していれば、自分たちが何をしているかはたいていわかっている。どうやるか（価値ある提案や独自のセールスポイント）を知っている人も少なくない。ところが、「なぜやっているのか（ＷＨＹ）」がわかっている人は非常に少ない。シネックは、飛び抜けて優秀な人や組織は、まず「ＷＨＹ」から発想し、次に「ＨＯＷ」、そして「ＷＨＡＴ」に進んでいるとし、凡庸な人や組織は「ＷＨＹ」がわからないまま「ＷＨＡＴ」を売り込もうとして失敗していると指摘している。

パーパスマップ（社会還元方程式）

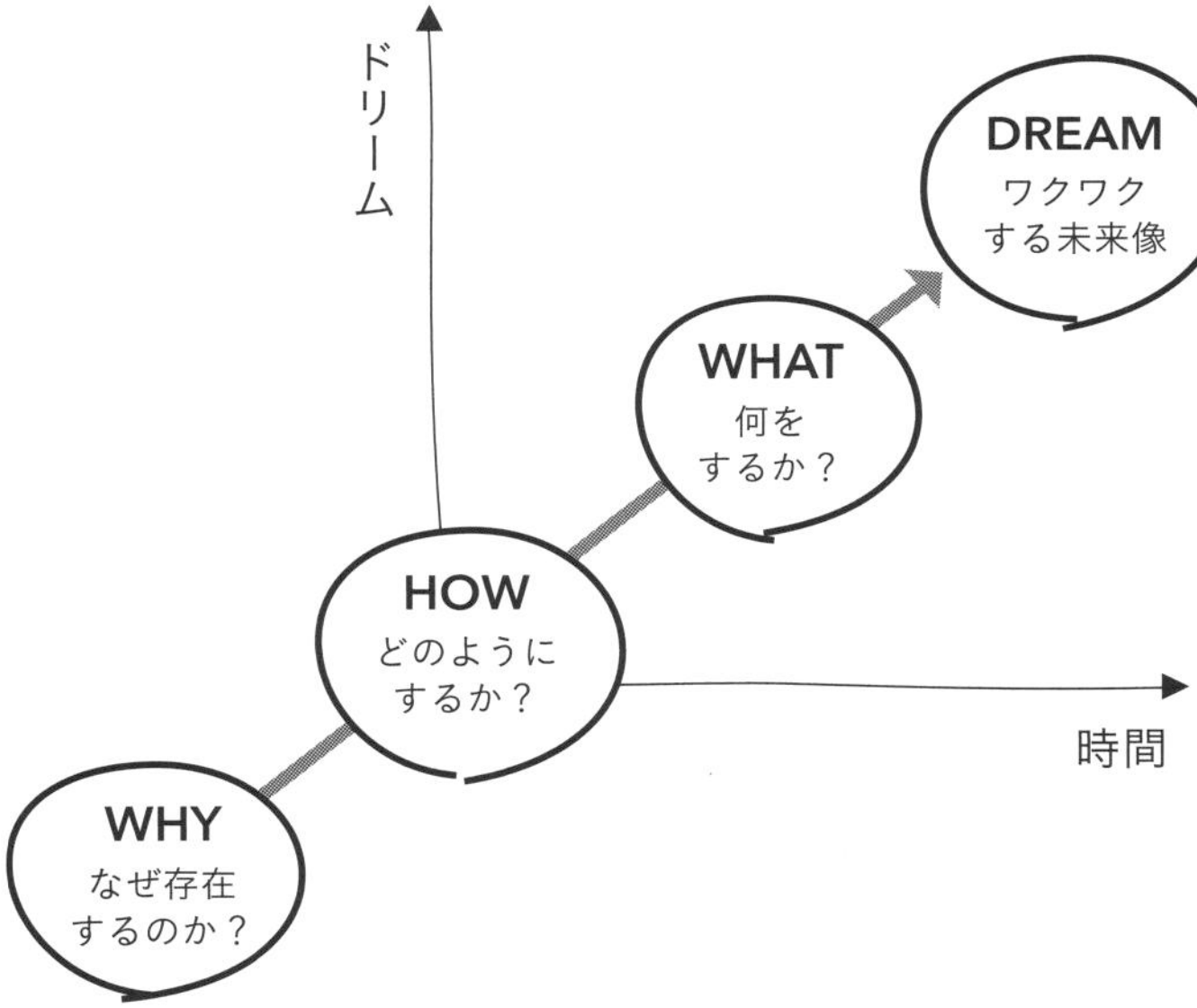

OUR PURPOSE:

OUR BELIEF:

商品・サービスを買う人は、なぜその会社からそれを買うのか。安いから？　性能がいいから？　それが理由なら、もっと安いサービス、高機能の製品が出てきたら簡単にそれに乗り換える。けれども、「ＷＨＹ」という信念がはっきりしていれば、顧客はそれに共感して製品やサービスを喜んで買う。「ＷＨＹ」に共感する人が広がれば、その企業の業績はどんどん伸びる。

社員の採用も同じだ。「ＷＨＹ」という信念に強く共感してくれる人を雇えば、その人は自分の意思で懸命に働いてくれる。逆に、単に仕事を求めている人、待遇の良さを求めている人は、それなりにしか働いてくれないし、もっと条件が良い求人先があればすぐに転職してしまうだろう。

私たちの思考は、曖昧なことを考えるのがあまり得意ではない。だから、普通の人は「ＷＨＡＴ」から考え始めるが、優秀な人は「ＷＨＹ」から始めて成功している。これがシネックの主張であり、僕も大いに賛同できる。

ソフトバンクホークスのパーパスマップ

参考事例として、プロ野球球団である福岡ソフトバンクホークスについて、僕の独断と偏見により、パーパスマップをつくってみた。これは、あくまでも思考トレーニングであり、このパーパスマップについて福岡ソフトバンクホークスは一切関知していないのであしからず。

ホークスは福岡市を拠点とするプロ野球チームだが、そのファン層は九州、福岡のみならず、東京をはじめ全国に広がる人気球団だ。実は、東京では、ホークスのほとんどのホームゲームが地上波で中継されている（東京MXテレビ）。

ダイエーホークスとして福岡に来たのが1989年、そして2005年から現在の福岡ソフトバンクホークスになった。歴史は浅いが、短い期間でどうやって超人気球団となったのか。野球で強いチームであると同時に売り上げも群を抜いており、そのユニークな経営手法が多方面から注目されている。他のプロ野球チームとは目指すところが根本的に違うともいわれており、パーパスマップにしてそのすごさを解剖してみたくなった。

福岡ソフトバンクホークスのオーナーである孫正義氏は、球団設立時に「目指せ世界一」のスローガンを宣言した。その意図をくんで、「OUR PURPOSE」は「野球にとどまらず、人々の感動、勇気、夢につながる世界一のエンターテインメントを実現する」に、「DREAM」はこれをさらにわかりやすく簡潔にして「球界を変える革新的なビジネスを生み出し、世界一になる」とした。

「OUR BELIEF」は「常に新しいことにチャレンジしていく」がふさわしいと思った。長年、ソフトバンクホークスの経営を見ていて強く印象に残っているのが、現状を打破し新しいことにチャレンジする姿勢だ。この信条が、経営戦略の隅々に根づいているように感じる。「HOW」はプロ野球チームを軸にしたビジネスの推進であり、「WHAT」にはプロ野球チームを軸に多方面に展開しているコンテンツが入ってくる。

福岡ソフトバンクホークスのパーパスマップ
（社会還元方程式）

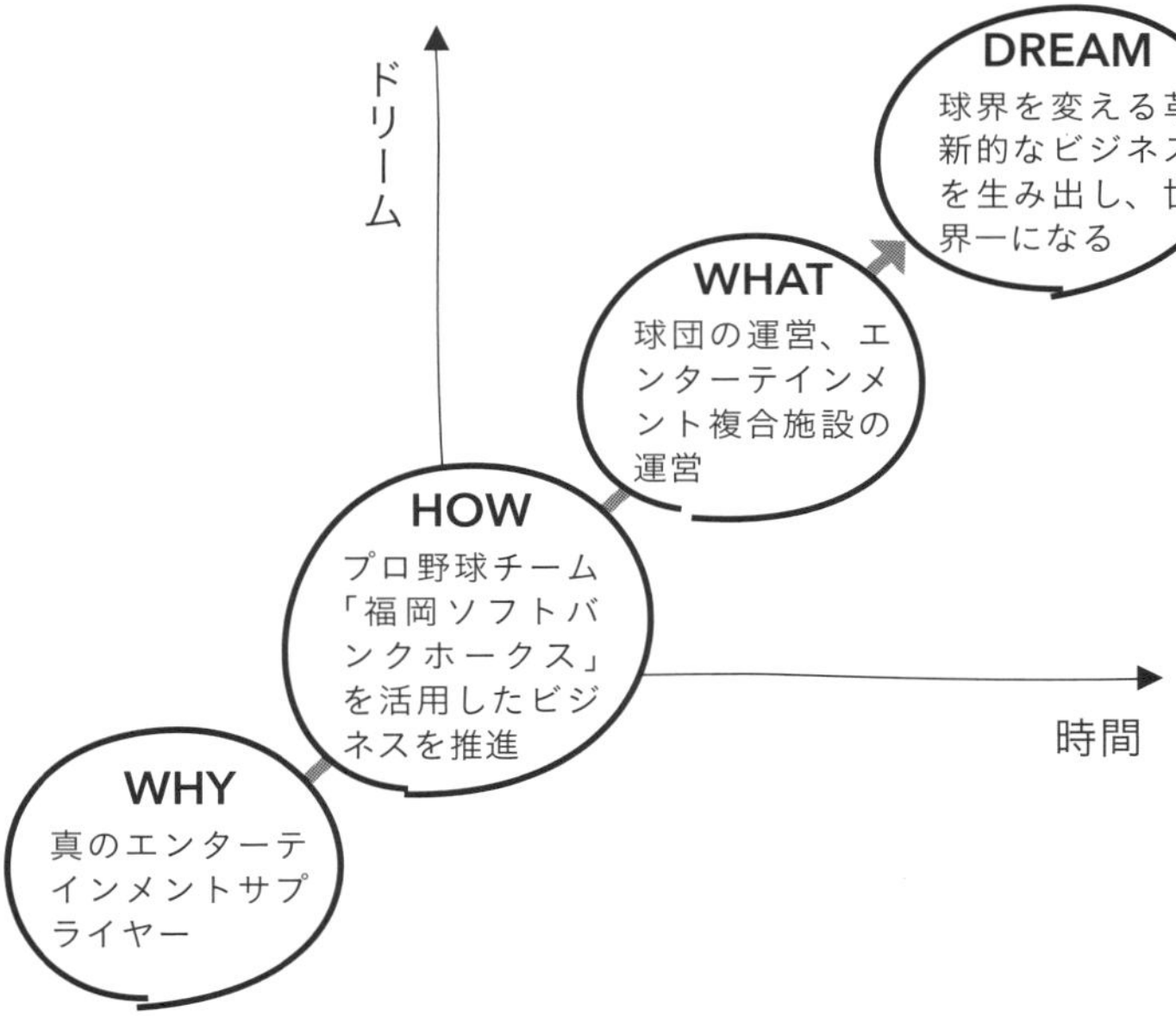

OUR PURPOSE:
野球にとどまらず、人々の感動、勇気、夢につながる世界一のエンターテインメントを実現する

OUR BELIEF:
常に新しいことにチャレンジしていく

まだどこもやってないことを始めることが、ホークスの真骨頂だ。例えば、年に数回ある「鷹の祭典」と呼ばれるイベント（試合）では、その年の特別デザインのレプリカ・ユニホームを観客全員に配り、選手も同じデザインのユニホームを着用して試合をする。これは2006年、ソフトバンクホークスの設立2年目に始まった。その年の福岡は、球場のみならず、地下鉄の職員も、福岡空港で働くスタッフも、商店街のあらゆる店の店員も、デパートの店員さんも、とにかく福岡市内のありとあらゆるところが、黄色いレプリカ・ユニホームを着た人で一色になり、大変な盛り上がりようだった。プロ野球に詳しくなくても「何事!?」と驚くような、まさに妄想が実現した世界がそこにあった。現在ではどこの球団でもやっているレプリカ・ユニホームの配布だが、先鞭をつけたのはホークスだ。

また、ホークスは球界でただ一つ、4軍制を敷いている球団でもある（3軍まである球団が3チームある）。もちろん若手を育成しチームを強化するための施策であることは間違いないが、鉄道アクセスのいい場所に「観にいくため」の立派なファーム球場を設置している。これが何を意味するかというと、3軍、4軍の中からこれから芽が出るであろう「推し」を見つけて応援するという、昔ながらのタニマチ的なファンづくりを見越していると僕はみている。

また、野球を通じて九州全体を盛り上げようという戦略も多彩だ。例えば、スポンサー制度は、地元の個人商店からナショナルクライアント向けまで様々なプランが用意されており、個人経営の小さな魚屋さんでもスポンサーになれる。1年で1万3200円（税込）のプランの中身は、優勝セールや応援セールがチームのロゴとともに実施できる権利をはじめ、のぼりやレプリカ・ユニホーム、販促に使える招待チケットや店頭ステッカーなど、ファン拡大と同時にスポンサーになってくれた店の支援にもなる（支払う金額と得られる特典を比較すると、採算度外視に思える）。

試合ごとのスポンサープランもある。次ページの写真は、2023年に東京ドームで行われた主催試合のスポンサー一覧のパネルだ。誰もが知っている大企業から、小さな企業まで何百もの企業名がびっしりと並んでいる。おそるべき営業力だ。

ほかにも、野球の裾野を広げるためのジュニアチームの設立や、各地の少年たちへの野球教室、ビジネスセンスのある元選手には子会社を任せるなど、アスリートの第二の人生の支援もしている。現在パ・リーグの全試合は、割安な価格でネット中継されており、これはホークスが先鞭をつけ、パ・リーグ全体に広げたと聞いている。

　野球を核に球団からファン、球界、地域、日本全体を巻き込むようなエンターテインメントが今も拡大中だ。ホークスのコロナ禍直前の２０２２年２月期の売上高は３２４億円で、スポーツチームとしてはアジアで１位といわれている。コロナ禍で業績は少し落ちたが、今後は再び盛り返すだろう。緻密かつ大胆な経営戦略で「だったらい

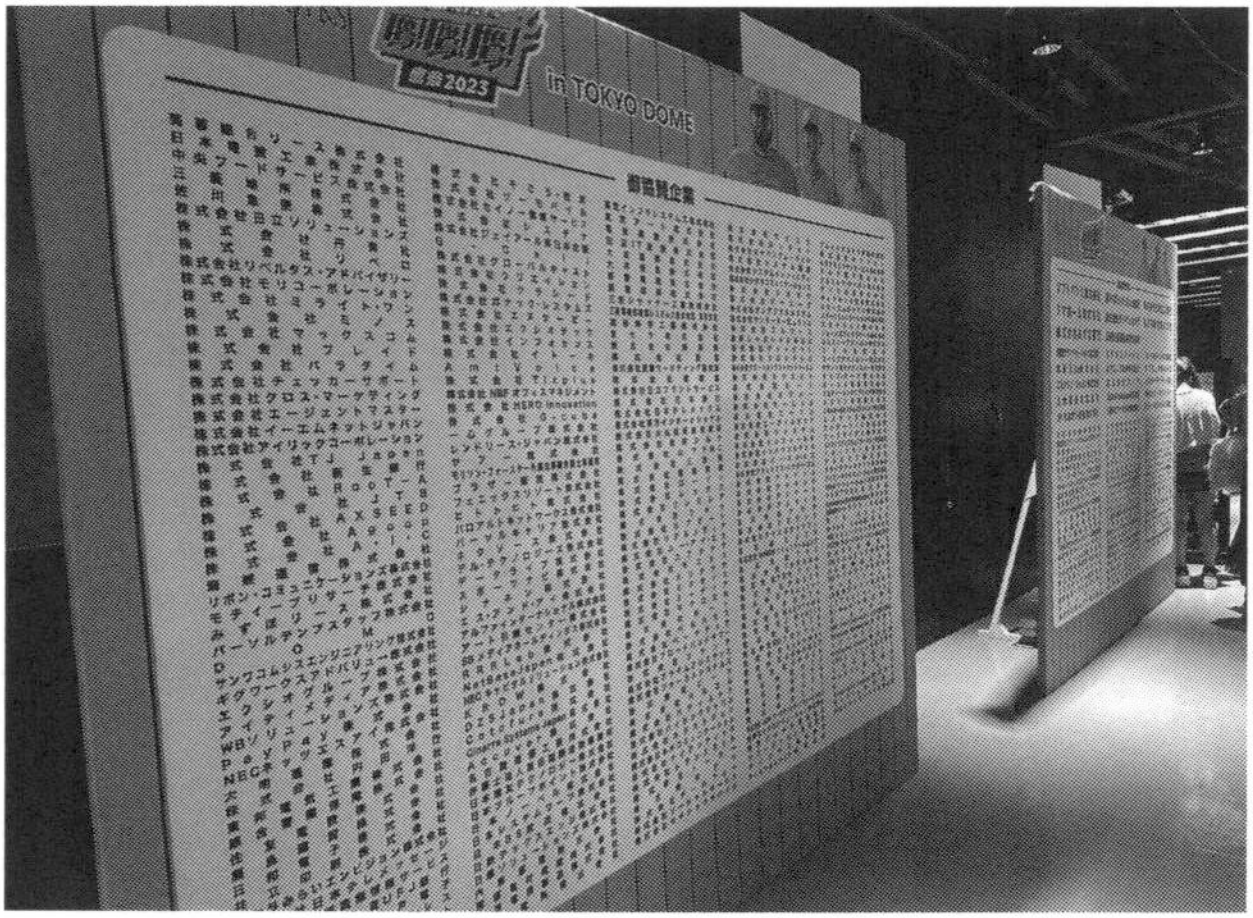

いな」をことごとく実現していく福岡ソフトバンクホークスの経営戦略・経営努力は、プロ野球ファンでなくとも注目すべきものだ。

アップルのパーパスマップ

次に、同じく僕の独断と偏見により、マックやiPhoneでおなじみの米アップルのパーパスマップも思考実験として作成してみた（当然、アップル未公認）。

アップルは公式にパーパスを打ち出していないが、創業者であるスティーブ・ジョブズの言葉や、１９９７年から展開したThink differentキャンペーンなどから、キーワードを拾っていくことができる。

アップルの創業は１９７６年。ジョブズは創業時に、Changing the world, one person at a time（一人ひとりの力で、世界を変えていこう）という理念を抱えていたという（増田隆一『Appleの原動力『Think different.』からの20年を振り返る』アイレット・メディア https://iret.

media/31829)。当時、コンピューターは、一般の人々からは手の届かないものだったが、それを一般の人にも広く使えるようにして、コンピューターの持つ強大な力を解き放ち、一人ひとりの力で世界を良い方向に変えていきたいと考えていたわけだ（WHY）。製品のデザインや使いやすさに異常なまでにこだわることで「違い」を打ち出し（HOW）、iMacやiPhone、MacBookなどの画期的製品を生み出していった。

様々な「だったらいいな」をしっかり実現し、僕たちの手元にワクワクする製品を届けてくれるアップル。同社のコアにある思想は、こうしてパーパスマップに落とし込むと、一貫した流れが感じられる。

正しくパーパスを設定できている企業に共通するのは、社員一人ひとり、組織の隅々、そして取引先までにもパーパスが浸透していることだ。

社員全員がパーパスを理解し、自分のものとして受け止め、行動の指針として実践すれば、パーパスに基づいた行動がやがて組織文化や社風となり、取引先や顧客などからも「あの会社らしいな」と良さを認識してくれるようになっていく。

アップルのパーパスマップ（社会還元方程式）

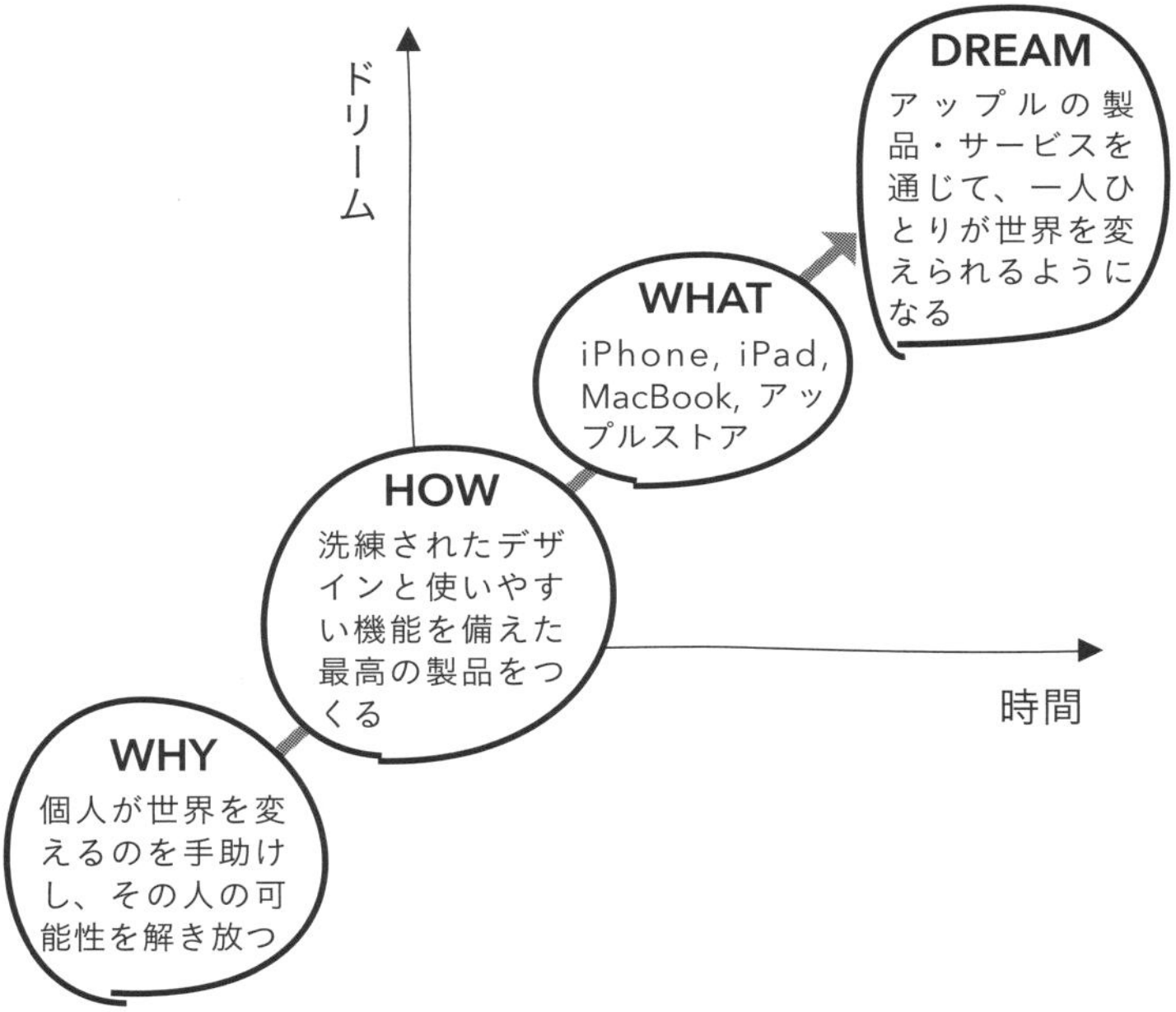

OUR PURPOSE:

自分が世界を変えられると本気で信じる人たちを応援する

OUR BELIEF:

人と違う考え方に価値がある。Think Different

吉野家と僕のパーパスマップ

最後に、吉野家と僕自身のパーパスマップもつくってみた。

吉野家は前述したように、単なる牛丼専門店ではない。日常食を絶やさず提供することで地域の人々の健康と楽しさに貢献するとともに、外食業界をもっと魅力あるものにしていきたいという壮大でかつ強い思いがある。

当然、誰もが知っている「うまい、やすい、はやい」という吉野家クオリティーをどんな時代でも突き詰めようと努力している一方で、外食産業全体の発展のため、1社だけではなくライバルとも手を組んでの「共創」にも取り組んでいる。奇をてらった戦略ばかり実行して自分たちだけが「目立とう」「稼ごう」とするのではなく、もっと広い視野で社会や業界の課題を捉え、そこから課題の解決と夢の実現を目指していることを、このマップから読み取っていただけるとうれしい。

僕のパーパスマップも、参考までに見てほしい。パーパスマップはなにも、企業や組織のためだけではなく、個人の仕事や生き方の指針、つまり自分は何のために生きていて、何のために働き、決して譲れないものは何で、何を良しとしているのか、などを俯瞰して考えるのにも役立つ。仕事には「自己実現をする」という究極の目標があるとともに、自分がこれまで様々な方たちから受けてきた愛や恩情を、今後、僕と接点のある人たちや世の中に、仕事を通じて還元していきたいという思いが僕にはある。そのことを表現してみたつもりだ。

皆さんもぜひ自分のパーパスマップをつくってみて、これからの仕事と人生に役立ててほしい。これから進むべき道を見える化することで、夢や自分の強み・個性が明確になり、仕事はもっと楽しくなるし、視野も広がる。何より、人生が豊かになると僕は思う。もちろん、妄想の精度も上がるはずだ。

吉野家のパーパスマップ（社会還元方程式）

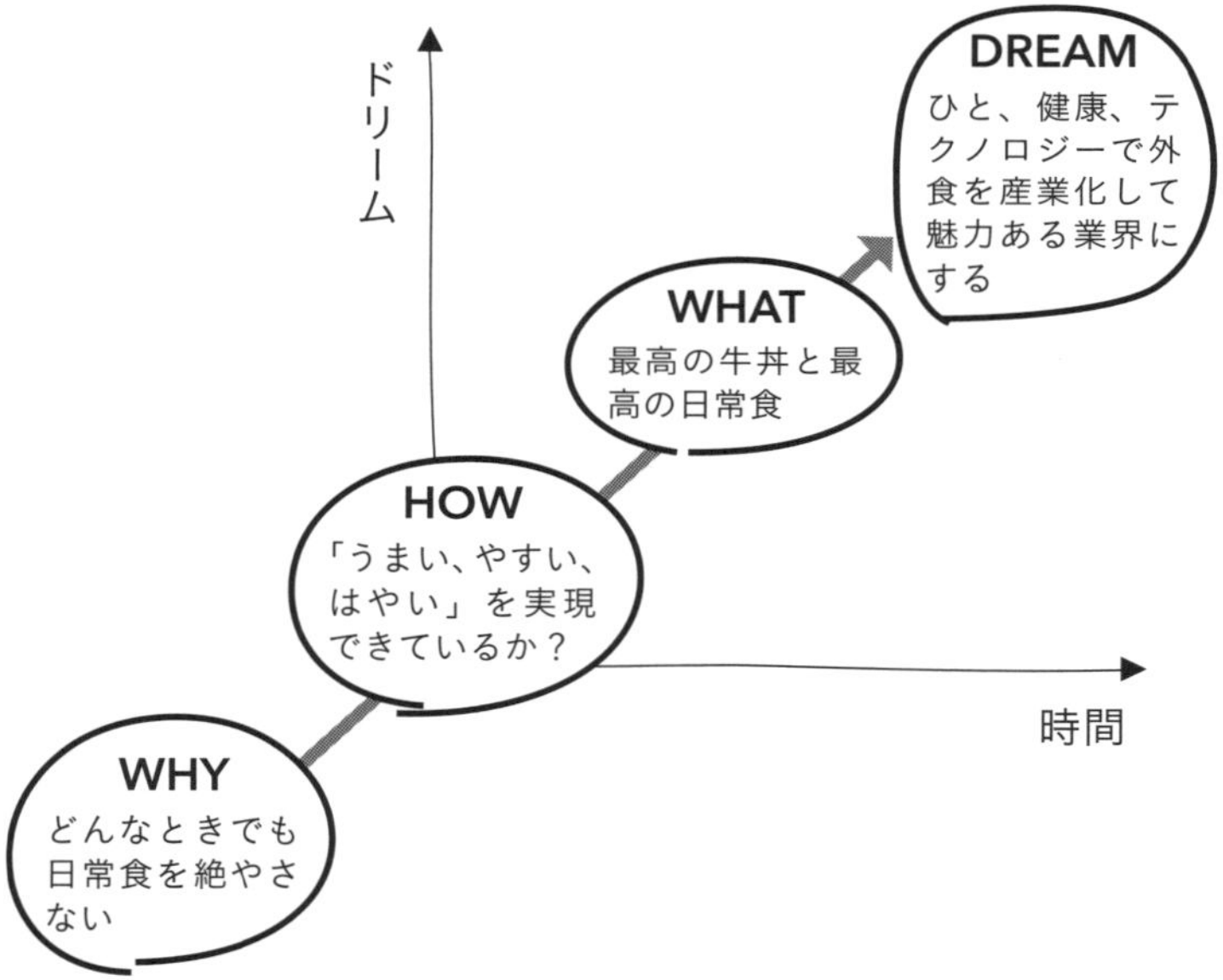
ドリーム
時間
DREAM
ひと、健康、テクノロジーで外食を産業化して魅力ある業界にする
WHAT
最高の牛丼と最高の日常食
HOW
「うまい、やすい、はやい」を実現できているか？
WHY
どんなときでも日常食を絶やさない

OUR PURPOSE:

世界中の人々にとってかけがえのない存在になる

OUR BELIEF:

「うまい、やすい、はやい」挑戦と革新。オリジナリティー

田中安人のパーパスマップ（社会還元方程式）

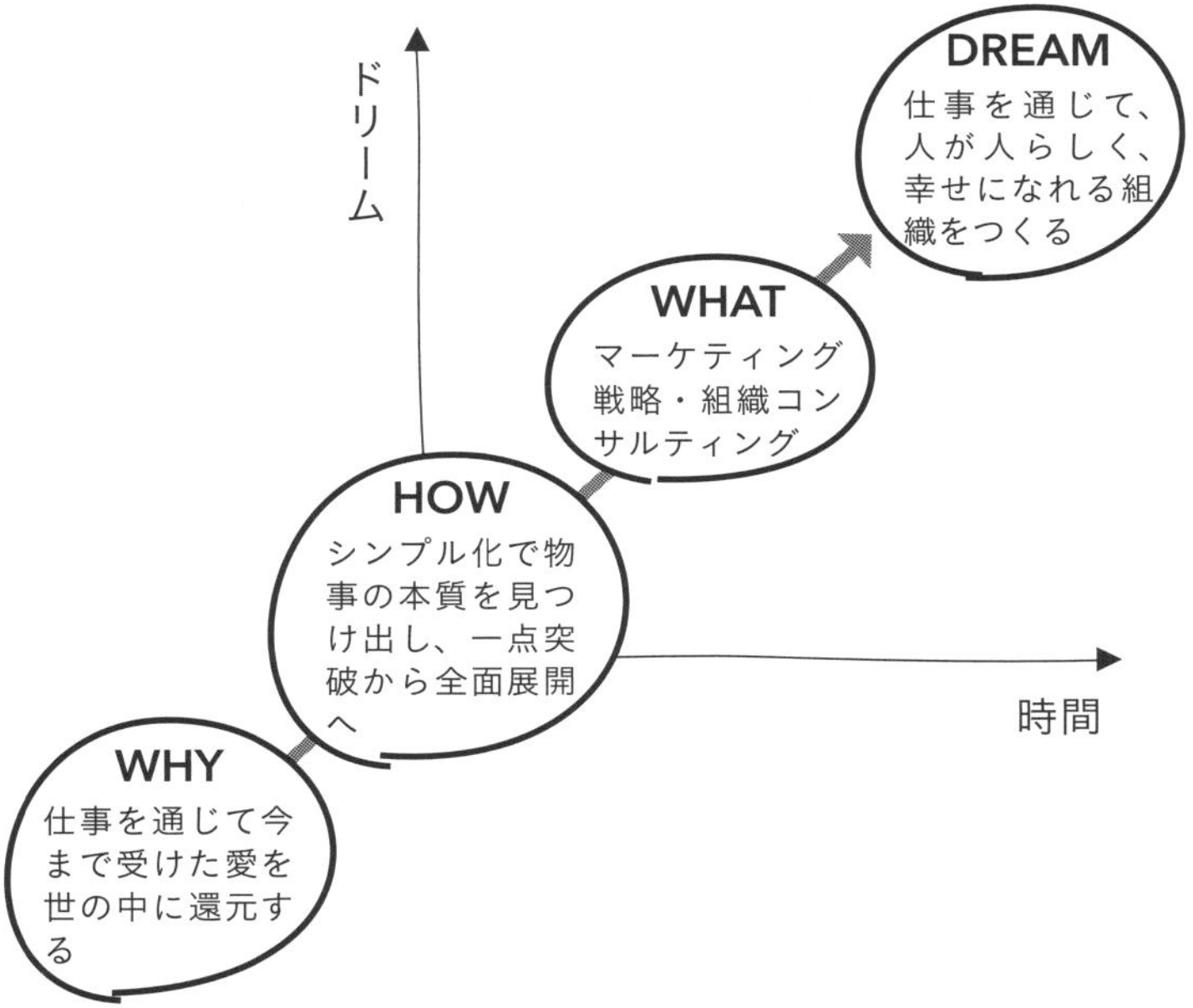

OUR PURPOSE:

世の中を変えるクレイジーな人を見つけて応援する

OUR BELIEF:

人間には無限の可能性がある

第6章

桃太郎のつくり方

吉野家、桃太郎になる

2020年以降、新型コロナウイルスのパンデミックによって、外食業界は大きなダメージを受けた。2021年夏、感染の脅威が徐々に落ち着いてきた頃、僕は吉野家の河村社長から呼び出され、「人々が巣ごもりから外に出る機運をつくりたい。何か考えてくれないか」という命を受けた。

僕の妄想が始まった。沈滞した世の中に向かって1社だけが「外に出よう」と呼びかけても効果はたかが知れているし、ムーブメントをつくることなどできない。ここまで本書を読んできた方にはもうおわかりだろうが、僕の妄想は企業の壁を簡単に乗り越える。

外食産業が互いに闘うのではなく、手を取り合って外食を盛り上げる共創のムーブメントがつくれないかと考えた。そんな中で生まれたアイデアが、「#外食はチカラになる」というキャンペーンだった。

妄想モーメント

企業の壁を越えて世の中を元気づけたい

これをみんなでやりたい。外食に身を置く者の思いは同じはずだ。仕組みはなるべくシンプルにしたいと思った。

このキャンペーンでは、参加企業が「#外食はチカラになる」を掛け声として用いて情報発信し、クーポンでもなんでもいいからその企業がお客様に提供可能なサービスを一つ打ち出すことを参加要件にした。ハッシュタグ（#）をつけたのは、店側もお客さんも一緒になって、この動きを広げていこうとの願いが込められている。これが全国に広まっていったら、日本がこのコロナ禍のトンネルから一歩踏み出すパワーになり、外食業界や日本経済に貢献できるのではないか。

思い立ったが吉日。僕はいつもの戦法で電話をかけ続けた。知っている会社の役員には直接、まったく面識のない会社には、代表電話にかけた。松屋さん、デニーズさん、すかいらーくさん、鳥貴族さん。外食産業の仲間に、次々と電話した。ちなみに、このプロジェクトで私が声をかけたのに門前払いをされたケースは一つもなかった。

コロナ禍でみんな苦しんでいたが、「外食産業で働く600万人を守るため、お客様に元気を提供するため、みんなでやりませんか！」という声がけに、本当に多くの企業が参加を表明してくださった。ただ、50円引きのクーポンを配るだけでも、売り上げが低迷しているときは収支への影響が大きい。中には、「割引クーポンは難しいが、『最高の笑顔でお迎えします！』というサービスでいいでしょうか？」と聞いてくる企業もあったが、「もちろん、最高です！」と僕は答え、参加していただいた。

準備をした3カ月の間、僕は日夜電話をかけ続け、さらには参加を検討している企業のサポートを手がけ、「田中さんに会ってみたいので、ぜひ来てください」と誘いを受ければ喜んで出かけた。もう睡眠不足で倒れそうだったけれど、外食業界のため、日本を元気にするためだと思うと、不思議に力がわいてくる。これもパーパスの力だ。大義は強い！

おかげさまで、10月14日のスタート日には、飲食ブランド89、店舗総数にして全国９４００店の参加が決定していた。業態は居酒屋、ファミリーレス

チェーン店から個店までムーブメントは全国に広がった

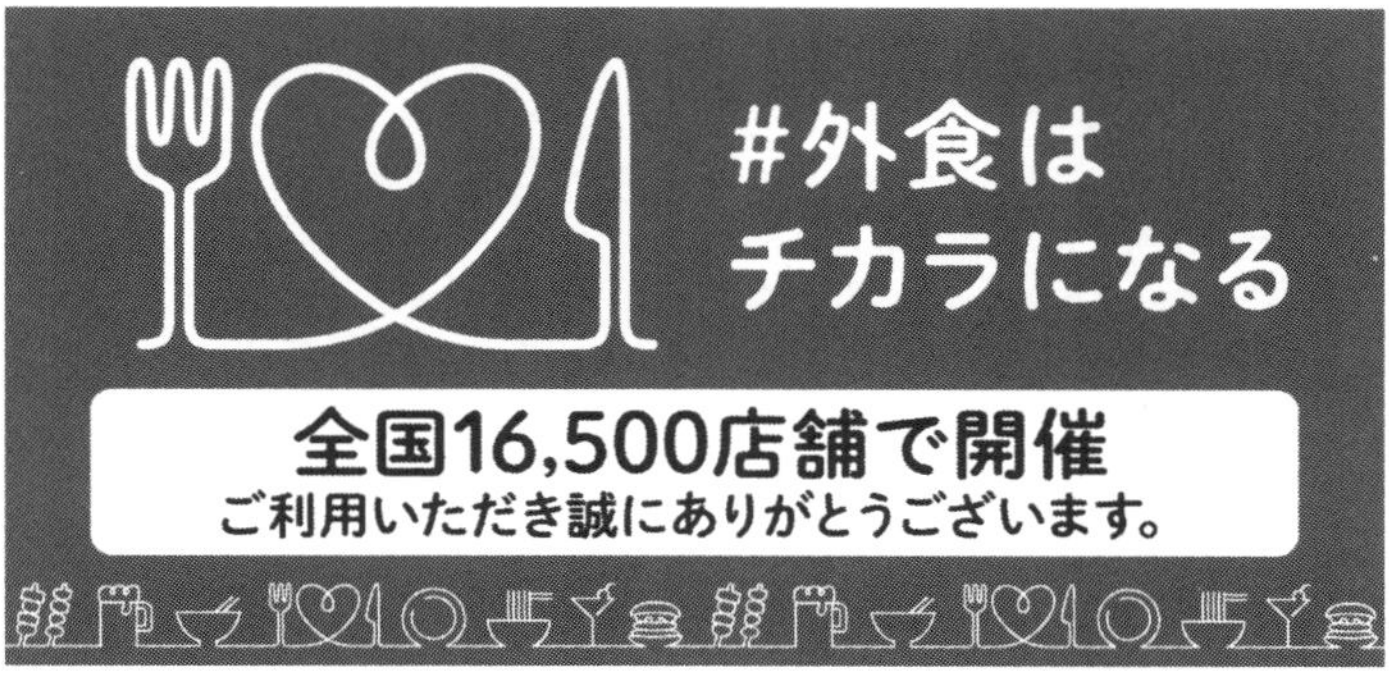

CD/AD: 李英二 D: 海老塚美邑 / 中野理実（YOSHINOYA design）

※所属会社などは制作当時

トラン、牛丼、天丼、うどん、焼き肉、豚かつ、しゃぶしゃぶ、ハンバーグ、中華、ラーメン、イタリアンなど。飲食以外にも、外食サポートサービスとして、ぐるなびさん、Ｔポイント・ジャパン（現ＣＣＣＭＫホールディングス）さん、ＮＴＴドコモさん（ｄ払い）、PayPayさん、楽天ペイメントさんが参加してくれた。

記者発表会には外食各社の代表が集結した。大戸屋、ロイヤル、串カツ田中、幸楽苑、鳥貴族、そして吉野家の代表者が一斉に登壇し、テレビや新聞などで大きく取り上げられた。

個人経営の店でも参加ＯＫ

このプロジェクトへの参加は、チェーン店に限ったものではない。地方の個人経営の飲食店でも、プロジェクトのサイトで登録すれば、ロゴを自由にダウンロードして参加できるようにした。オープン参加方式にすることで、日本の隅々までたくさんの店が、日本と外食産業を元気にするムーブメントの一員になれるよう設計した。

２０２１年12月までのキャンペーンだったが、最終的に参加店は１万６５００店にまで拡大した。

「お客様から喜びの声がたくさん寄せられている」

「うちみたいな個人店も、無料で全国キャンペーンに参加できて勇気がわいた」

「参加店巡りをしているお客様もいた」

など、全国からたくさんの声が届いた。

妄想が形になり、日本全国にムーブメントを起こせるくらい大きなチカラになったことを実感した。

支援し導く新しいリーダーシップ

今回、吉野家が桃太郎になってきびだんごをつくり、プロジェクトの参加社に声をかけて仲間になってもらい、コロナ禍という鬼に立ち向かった。僕はこのプロジェクトを通じて、新しいリーダー像について意識するようになった。一昔前まで、リーダーといえば、「俺に黙ってついてこい」といわんばかりに仲間をグイグイ引っ張っていく自己主張の強烈な人というイメージがあった。でも、現代の理想のリーダー像は全然違う。

今回の僕は、旗印を掲げ、仲間と伴走し、あるときはサポートし、みんなが判断しやすいように情報をまとめたり、みんなが力を発揮しやすいような状況をつくったりした。つまり、支援型リーダーシップ（サーバント型リーダーシップ）を実践した。

参加者全員が外食で日本を元気にすることに意義を感じ、自分の内側からわき上がってくる使命感に動かされ、そしてプロジェクトを楽しんでくれた。こうした状況を、裏方として整え、サポートしながら導くのが、真の桃太郎なのだと身をもって知った。

支配型リーダーシップ

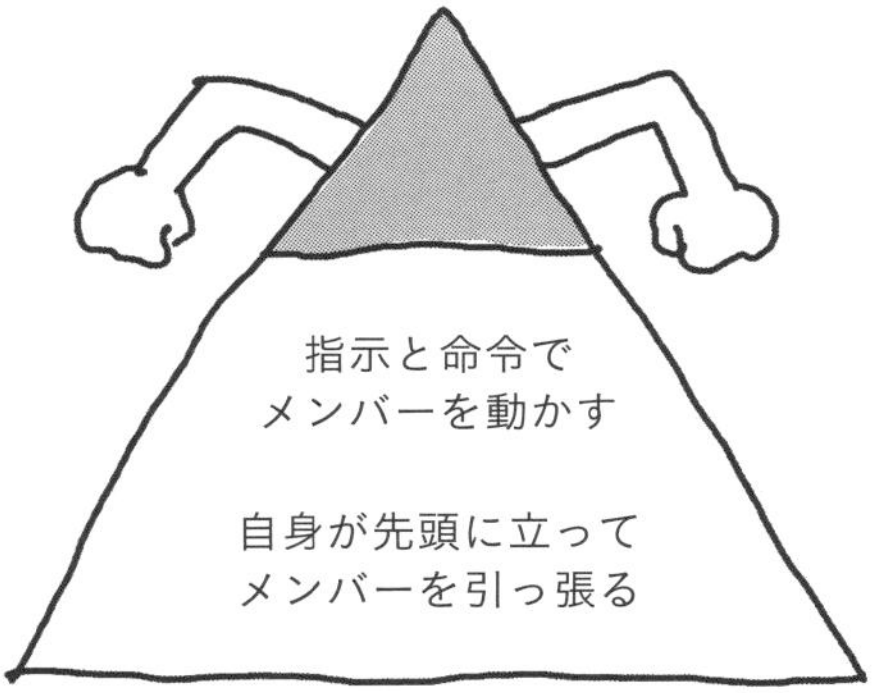
指示と命令で
メンバーを動かす
自身が先頭に立って
メンバーを引っ張る

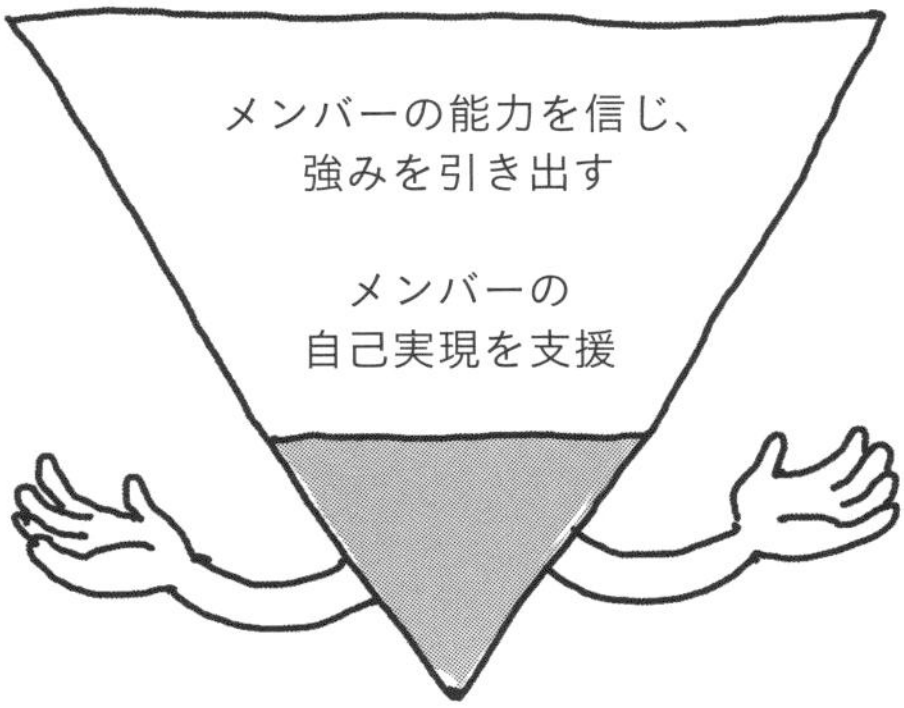
メンバーの能力を信じ、
強みを引き出す
メンバーの
自己実現を支援

サーバント型リーダーシップ

リーダーシップは学べる

リーダーシップは先天的なものではなく、あとから学べるものだ。自分に合ったリーダーシップ像を見つけ、そこから学んでいこう。

僕が理想とする優秀なリーダーにはいくつか共通点がある。まず、目指す北極星（あるいはドリーム）に到達したいとクレイジーなまでに強く思っている。次に、メンバーのモチベーションを高め、彼らが持っている能力を自発的かつ存分に発揮できるように環境を整え、支援し、導く。

たくさんの優秀な個性が、自発的に動き、存分に能力を発揮したとき、チームの力は最大になる。人間というのは、自ら進んで物事に取り組んだときにしか、最大出力は出ない。受け身で指示されて動かされているうちは、ほとんど力を出せない。自由度のある思考も停止してしまう。

人間は内発的動機（自分でこれがしたいという思い）で動くときのほうが、外発的動機（指示、命令など）で動くときより能力を発揮しやすいことは、すでに多くの心理学者が解き明かしている。外発的動機に頼る「指示・命令型のリーダー」は、自らがメンバーの能力発揮の妨げになっていることに気づくべきだ。

リーダーは常に自分を進化させる

では、目指すべきリーダーとはどういうものか。

すでに紹介したサーバント型リーダー（支援型リーダー）はその有力なモデルだと僕は思う。こうしたリーダーは、メンバーと一緒になってゴールを目指せる人だ。「この指とまれ」と声をあげて、止まってくれる人が仲間（メンバー）になるわけだが、その際に、北極星が何でどこにあるのか、明確に示すことができないといけない。そこへの行き方を各メンバーと一緒に考え、一人ひとりが自己実現に少しでも近づけるように惜しみなくサポートする。自分で先頭に立って、メンバーを指示・命令で駒のように動かすのではなく、メンバーの能力を信じ、彼ら彼女らの潜在能力を存分に引き出せるよう環境を整え、導くのが仕事だ。

リーダー自身も、自己研鑽が欠かせない。リーダーが常に、「自己変革」を意識し、毎年のように自身の能力や見識をバージョンアップさせていかないと、途端に「マンネリ」あるいは「成功バイアス」に陥ってしまい、組織全体の成長が止まってしまう。

面倒だから効果がある

サーバント型リーダーの特徴は、指示・命令ではなく、部下の能力を信じてメンバーたちの思考とやる気を発動させることだ。言うのは簡単だけど、実践するのはすごく難しい。

なぜなら、面倒だからだ。

リーダーの立場からすれば、指示・命令するほうが圧倒的にラクだ。部下の自律性ややる気を引き出すために、サーバント（支援者）として動き回っても、すぐに結果は出ない。だから、サーバント型がいいと頭ではわかっていても、気がつくと指示や命令をしていた、ということになりがちだ。

次に述べることを肝に銘じておいてほしい。

指示・命令では部下は成長しない。逆に、部下の成長を妨げていると思ったほうがいい。部下が指示・命令に従うのはリーダーの「権威（権限）」に従っているからであり、そこに自分の意思や思考はほとんど関与しない。

部下の「気づき」を促す

「どうして何度言ってもわからないんだ」と部下を叱責している上司をよく見かけるが、その責任は上司にある。上司の指示・命令を部下が守るのは、上司に（多かれ少なかれ）生殺与奪の権限があるからで、部下はいわば自己防衛のために従っている面がある。指示・命令の内容を自分の頭でしっかり理解し、それが必要だと納得して自分の意志で行動しているわけではない。指示・命令型リーダーはある意味で、部下に理解・納得してもらうという手間のかかるプロセスを省略して結果だけを求める「欠陥リーダー」ともいえる。

一方、サーバント型リーダーのほうは、そうした手間暇を惜しまない。ただし、リーダーがしていることが効果を発揮するには時間がかかる。それは、当たり前だ。人はそう簡単には変わらないし、成長には時間がかかる。

サーバント型リーダーはあの手この手で間接的に部下の「気づき」を促す。人から言われるのではなく自分自身で気づいて、自分の意志で行動しない限り、人間の成長はない。サーバント型リーダーのもとでは、時間が少しかかるかもしれないが、本物の人材が育つ。つまり、部下は自分で考えて、自律的に行動できるようになるのだ。

「自分が勝ちたい」から「周りを幸せにしたい」へ

サーバント型リーダーの典型例は、大学ラグビーで前人未到の9連覇を成し遂げた帝京大学ラグビー部の岩出雅之前監督だと思う。岩出さんは、僕のロールモデルの一人だ。その岩出さんから次のような話をうかがったことがある。

「ラグビー部の監督になって最初の数年、僕は勝ちたい、結果を出したいと思って、自分がチームをがむしゃらに引っ張っていた。でも、その頃はまったく勝てなかった。ところが、ある時点から、部員だけでなくラグビー部に関わる人たちすべてを幸せにしたいと強く思うようになり、そのために自分がどうサポートしていけるかを考えるようになった。すると、そこからチームはめきめきと強くなった。9連覇が始まったのはそれからです」

人間が成長するエネルギーは内側からわいてくるものであり、外からの圧力では成長しない。メンバーの能力を信じ、内側から成長エネルギーがわき出しやすいように環境を整え、支援し、導くのがリーダーの役割であり、岩出さんはこれを辛抱強く実践されていた。その結果、「大学ラグビーの常勝集団」が生まれた。

ギバーなのか　テイカーなのか

米国の心理学者アダム・グラントの名著『GIVE & TAKE「与える人」こそ成功する時代』(三笠書房)によると、世の中には、次の3種類の人間しかいないという。

・与えることを優先する人（ギバー giver）
・奪うことを優先する人（テイカー taker）
・与えることと奪うことのバランスをとる人（マッチャー matcher）

この本では、与える人こそ成功する、という事実が様々な実例をもとに説明されている。これからの時代で成功するリーダーは「ギバー」である必要がある。サーバント型リーダーもまさに「ギバー」だ。

岩出さんがおっしゃるように、勝ちたいという自分の欲で組織を運営すると勝てない。短期的に勝てることはあっても長続きはしないだろう。自分の周りにいる人たちを幸せにしたい、メンバーを勝たせてあげたいという思いで、「ギバー」としてサポートすると、メンバーは自己実現に向けて成長し、最後には勝利というご褒美がやってくる。そして、「ギバー」が文化として根づいていく。

僕の人生を変えてくれた2人のギバー

僕は高校2年のとき、危うく退学になりかけたことがある。

若気の至りというか、あの頃はエネルギーを持て余していた。ラグビー部での活動だけではそれを発散しきれなくて、街中で喧嘩をしたり、やんちゃをしたりする悪ガキだった。年配の方しか知らないかもしれないが、1980年代に『スクールウォーズ』という高校のラグビー部を題材にしたテレビドラマがあり、そこに登場する不良の学生のような感じだった（このドラマのモデルとなったのは、京都の伏見工業高校のラグビー部だった）。

僕が通っていた京都府立洛水高校では当時、4回停学処分になると退学という暗黙のルールがあった。喫煙が見つかって停学、喧嘩がバレて停学といろいろやらかし、僕はついに4回目の停学を食らい、いよいよ退学かと観念していた。

ところが、所属していたラグビー部の部長と顧問の先生が、「この生徒は悪ぶっているが、根は正直で純粋。人望があり将来、社会に出てリーダーになる人材だから、退学処分には絶対にしないでほしい」と関係各所に必死に頼み込んでくれた。

このとき僕は、2人の先生から注がれた愛情が骨の髄まで染みたのを今でもよく覚えている。自分のそれまでの所業を猛烈に後悔しつつ、こんなにも自分のことを考えてくれていたのかと心を打たれた。漠然と「先生みたいな人になりたい」と思った。当時は「先生みたいな人」の中身はよくわからなかったが、まさに2人の先生は僕にとって「ギバー」だったのだ。

先生たちのご尽力によって、僕は退学を免れた。以来、心を入れ替え、やんちゃからはきっぱり卒業した。2人の先生は僕の大恩人であり、今でも親しくお付き合いさせていただいている。

この出来事をきっかけに、僕も誰かの人生を良い方向に変えることができるような人になりたいと思うようになった。今、コンサルタントになっているのも、そこにルーツがあるのではないかと思っている。

名ばかりの目標設定面談はやめよう

サーバント型リーダーシップを実践しようとしてよく陥ってしまいがちなのが、メンバーを甘やかしすぎて、単なる「仲良しグループ」になってしまうことだ。サーバント型リーダーシップの話を表面だけ聞くと、リーダーは大変そうだけど、メンバーは楽そうだなと思う。

だが、それは間違いだ。チームにもメンバー個人にも高い目標があり、それをクリアするため日々スキルを磨き、努力を重ねなければならない。だから、個人の目標設定が非常に重要になってくる。目標というのは、難易度が低すぎると「ぬるま湯職場」になり、高すぎると不満が渦巻く「ギスギス職場」になってしまう。これらの職場が大きな成果を出せるとは思えない。

では、成果を出せる「イノベーション職場」にするにはどうすればいいか？

メンバーの能力・経験は一人ひとり違うので、目標設定もオーダーメードでなければならない。各メンバーとリーダーがよく話し合って、お互いに納得して目標を設定すべきだが、ここが形骸化している企業が多い。目標設定の面談はするものの、実質的には上からの押しつけになっているという話をよく聞く。つまり、目標が上から降ってくるパターンだ。そんなことをしていると、メンバーのモチベーションは下がる

目標・責任と心理的安全性の関係

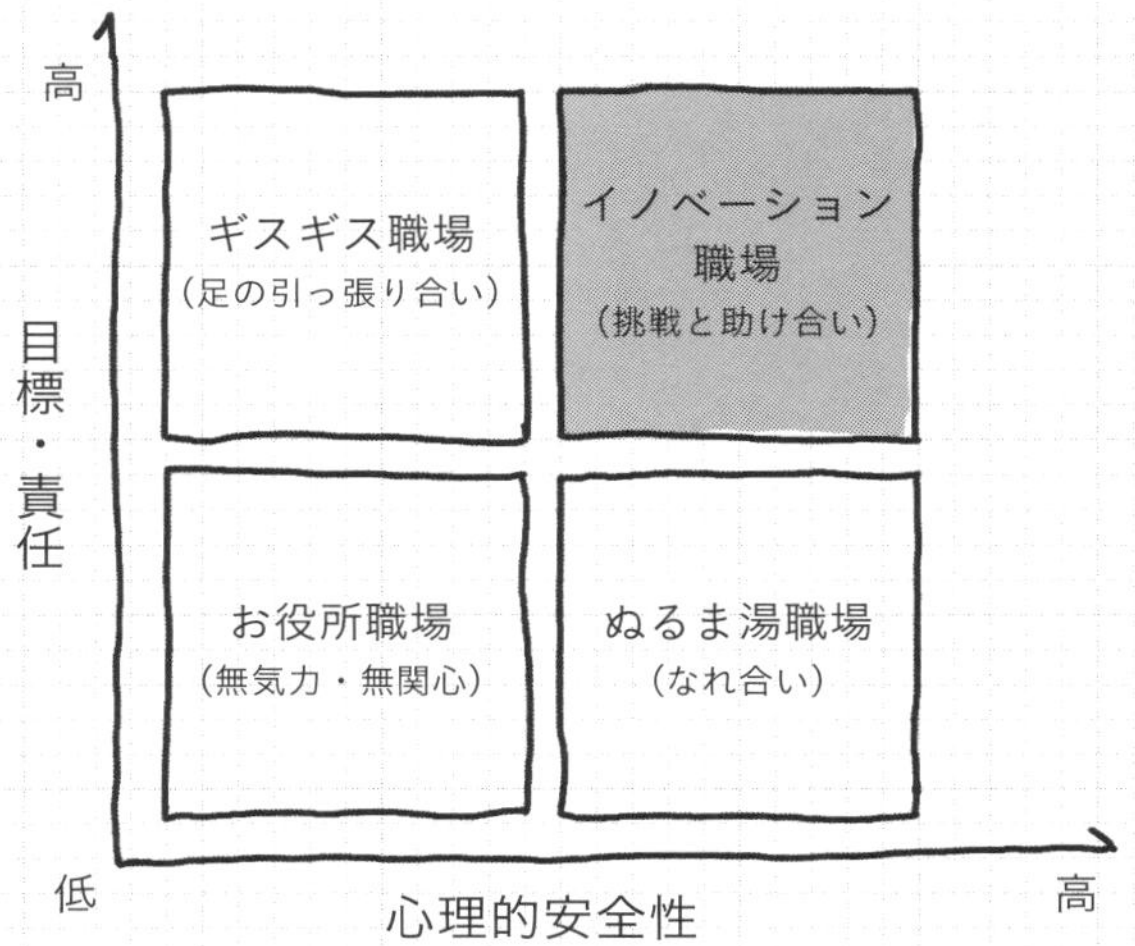

し、メンバーは本気で目標と向き合わなくなってしまう。

成功確率5割の最適難度で目標設定

こういう話をすると、経営者クラスからは、「社員は目標を達成できないと評価が下がるので、自分で目標を立てろと言うと、安全確実な数字しか出してこない」と不満の声があがる。

確かに、目標設定を社員任せにしていたらそうなるだろう。だからこそ、リーダーは、組織のメンバーが高い目標にチャレンジするよう「誘導」する必要がある。

ここでの重要ポイントが「最適難度」だ。最適難度とは、その人の持っているスキルとチャレンジの難易度が、自身の成長にとって最もプラスになるようなバランスのことを指す。米国の心理学者、J・W・アトキンソンらの研究によると、成功確率が五分五分であるとき、モチベーションが最も高まるという。確かに、難易度が高すぎると「どうせ無理だ」と思って最初から諦めてしまうし、簡単すぎると面白くない。リーダーがメンバーと目標設定について話し合うときには、成功確率が五分五分の目標を考えてもらうといいだろう。

最適難度の目標設定には、注意点がある。それはチャレンジに失敗したときの評価の仕方だ。成功確率が50％の目標を設定するということは、失敗する確率も50％と高い。結果だけを見て厳しく評価したら、誰も挑戦的な目標を設定しようと思わなくなってしまう。

だから、メンバーを評価するときには、結果だけでなくプロセスもしっかり評価してあげないといけない。高い目標に挑戦し、たくさんの努力や工夫をしたのに失敗したのなら、トータルでプラスの評価をする。少なくとも無難な目標をクリアしたときより評価を高くするべきだ。メンバーに「妄想」を推奨するならなおさらだ。

企業によって評価制度は様々なので、自社でこうした考え方をどう反映させられるか、ぜひ検討してみてほしい。

怒ることをやめてみませんか？

最近はパワーハラスメントが社会問題化しているので、部下を怒鳴り散らすリーダーは、前より減っている。それでも、部下に対して怒りを抱えている人は、いまだに少なくない。

真剣に仕事に取り組んでいるからこそ、怒りの感情もわき起こるというのは、言い訳にすぎない。怒る理由は様々だろうが、一番多いのは「自分の思い通りにならないから」だろう。それで怒るのは、4、5歳児が自分の思い通りにならなくて、手足をばたばたさせながら泣き叫んでいるのとあまり変わらない。前述の「指示・命令型リーダー」と同じで、怒る人は、相手に気づきを促そうという努力を放棄しており、ラクをしている。その点からもリーダー失格だと思う。

いっそ、怒るのをやめてみるのはどうだろうか。

僕も人間なので、いかなるときも平静とは言わないが、仕事の場でもプライベートでも怒りを表に出すことはまずない。怒っても何も解決しないし、周りにはマイナスの影響しか与えない。独りでやる仕事なら、怒りをエネルギーに変えて頑張ることもできるだろう。世の中に対する怒りや悪に対する怒りなど、概念に対する怒りもエネルギーにできる。けれども、身近な人に対する怒りほど無駄なものはない。

ほとんどの仕事は、チームでやっていくものだ。様々な能力が集まり、才能がぶつかり合って発火し、アイデアとして結実してプロジェクトが完成する。1＋1＋1が3ではなく、30にも300にもなる可能性がある。怒りは、その可能性を引き下げる要因にほかならない。

アンガーマネジメントという心理療法プログラムを耳にしたことがある人も多いと思う。自分の怒りをコントロールする方法だ。アンガーマネジメントの研究によると、怒ることをやめると、従業員のストレスの解消につながるだけでなく、安心・安全な職場環境が醸成され成果が出やすくなるという。

アンガーマネジメントを実際にどうやるかというと、まず、自分が怒るときの状態を客観的に見つめることから始める。具体的には、心の状況を時系列で紙に書き出す。主語は、自分になっているはずだ。どういうときに怒りやすいか、どんな価値観にこだわっているのか、怒る前にどんな感情になっているかなど、自分の怒りのメカニズムをよく知っておく。これが第一段階だ。

最初の6秒をいかにやり過ごすか

次の段階は、実際に怒りがわいてきたときの対処法だ。怒りのピークは最初の6秒間といわれている。怒りの感情は古い脳から発生するので、理性（新しい脳）で制御するのは困難とされている（古い脳は反応スピードが速い！）。けれども、最初の6秒をなんとかやり過ごせば、理性でも抑えられるようになる。

最初の6秒をやり過ごす方法は、意識して深呼吸する、数をかぞえる（ゆっくり6秒数えて耐える）、思考を止める（怒りの原因がメールだったら画面を閉じる）、怒りを相手へのリクエストに置き換える、などがある。

一番のお勧めは深呼吸だ。

姿勢（身）をととのえ息をととのえると、徐々に心もとととのってくる。これは「調身」「調息」「調心」とも言い換えることができる。実は、この三つは座禅の基本だ。

呼吸は人の感情、思考、健康などと密接に関係している。怒ったとき、興奮しているとき、危険や不安を感じているとき、知らず知らずのうちに呼吸は速くなっている（交感神経が活発化している）。職場でも、1日に何回か、意識的にゆっくりと深呼吸をする時間を設けると、心がととのい、そもそも怒りの感情がわかなくなるかもしれない。心が落ち着いて副交感神経が活性化してリラックスモードに入れば、妄

6秒を頭の中で数えてやり過ごそう！

想にもうってつけだ。
ぜひ、実践してみてほしい。

PART 3

妄想力とあなたの人生

第7章 未来の桃太郎たちへ

妄想を捨てるな

これからはますます予測不可能な時代になっていくだろう。答えのない課題に立ち向かうことが今以上に多くなっていく。もはや、過去の出来事や経験をつぶさに分析して答えが出る時代ではない。

今、世の中ではChat GPTなどの生成AIが大流行している。こうしたAIは過去の出来事（ビッグデータ）を分析するのは得意だし、人間の能力をはるかに超えているが、奇想天外な発想はできない。異分野間の知識を結びつけるといった「類推」も大の苦手だ。つまり、「妄想力」の高い人材は、ＡＩ時代にも楽勝で生き残れるということだ。

だからこそ、プロジェクトのアイデアを考えるときも、経営戦略を立案するときも、経営ビジョンを描くときも、幼い頃に絵本を読んでワクワクしたときのように、「こんなことがあったらいいな」と妄想を膨らませていくことが、ＡＩに勝る能力の育成につながると僕は考えている。

大人になると、様々な経験が積み重なって、失敗が怖くなるものだ。いや、人間にはそもそも損失回避の傾向があることが、近年の行動経済学の研究で明らかにされている。簡単に言うと、１万円を得するよりも１万円を失ったほうが心理的インパクトが大きいということだ。

危険を避け安全確実な道を進むことは、原始の世界においては人間という種を存続させるために不可欠な知恵だったが、現在の世の中では、判断をゆがめるバイアスになっていることが多い。そして、妄想力を阻害する要因にもなっている。

この厄介な損失回避バイアスと闘うには、そのバイアスの存在を認識し、その罠に陥っていないかを意識するしかない。「こんなことがあったらいいのに」の妄想レベルが低いと思ったら、このバイアスの罠にはまっているかもしれない。

ビッグピクチャー（全体俯瞰《ふかん》図）を描ける人になろう。

「こんなのバカじゃないの？」と、妄想した瞬間には思うかもしれない。でも、そのアイデアの根幹に「世の中を幸せにする」とか「地球環境にやさしい」などがあれば、細部まで詰め切れていなくても、いいアイデア、いいビッグピクチャーになる可能性が高い。そして、いい仲間がそのビッグピクチャーに集まってくる。大義のある妄想には、人を引きつける力がある。

正しい問いがよい答えをくれる

世の中で当たり前に流通している「常識」に、素朴な疑問を持ってみることを、僕は強く推奨する。

なぜそうなのか？

何のためにそれがあるのか？

当たり前だと思い込んでいて、みんながスルーしていることの中にこそ、チャンスとヒントが隠れている。前述のように僕はこれを「アホなふりして小学5年生のギモン」と呼んでいる。意外とみんなハッとするし、ここから難問があっさり解けたことも何回もある。例えば、

ソーシャルグッドって必要なの？

ソーシャルグッドとは、社会や環境の問題に対してよい影響をもたらす活動のことだ。つい最近まで、企業は利益追求が何より重要であり、地球を汚したり、資源を大

量に消費したり、二酸化炭素を排出することが悪いことだとは少しも考えていなかった。でも、今は違う。今までのやり方では、地球によくないことがわかっている。わかっているのであれば、変えていくしかない。地球も経済も持続可能な状態にして守っていかなければならない。企業経営においても、これらを両立させて当たり前なのが、これからの時代だ。

ネットの普及で、かつてとは違って、消費者も莫大な情報源にアクセスできる。環境や社会課題に対して敏感でエシカルな人が増えている。だからこそ、ソーシャルグッドは必要であり、それを軸にした本気のアイデアやその活動が求められている。見せかけのアイデアや活動（ウオッシュと呼ばれる）はすぐに見破られる。ＳＤＧｓに取り組んでいるとアピールしているのに、実体が伴っておらず悪い情報を隠している企業は、「ＳＤＧｓウオッシュ」として厳しく批判されている。

世の中はステイホーム、何か役に立てることはないか？

ソーシャルグッドに対する「アホなふりして小学5年生のギモン」から妄想したアイデアを紹介しよう。

２０２０年3月、新型コロナウイルスの流行で、日本中の学校が休校になった。そのとき僕たちは「お母さんの負担が増えてストレスが溜まって大変だろうな、何か役に立てたらいいのにな」と妄想し、吉野家で「子どもはすべて15％オフ」というキャンペーンを始めた。

東京都の緊急事態宣言（２０２０年4月7日）があった数日後には、「家族支援キャンペーン」と銘打って「テイクアウト10％オフ」という施策をすぐに打ち出した。これまで通りの働き方ができなくなり、在宅勤務が増えて、外食もままならなくなった時期だ。全店舗で実施し、世の中で高く評価された。やはりソーシャルグッドな戦略はすごく歓迎され、企業や店の評判が高まると肌で実感した。

傲慢にならず、「この状態でいいのか?」「誰か困っていないか?」「事業を通じて何かできないか?」と問い続ける。シンプルな問いに対して、「なんとかならないものか」という内側からわき上がってくる熱い思いを推進力にして、妄想力を発揮させていくと、最良の答えが見つかる。

右脳と左脳を行ったり来たり

僕はコンサルティングを仕事にしているが、いわゆるデータに基づいた提案はしない。データ解析やロジカルシンキングを得意とする有名ファームのコンサルタントを左脳コンサルとすると、僕は右脳コンサルだと思っている。

もちろん市場や業界についての勉強はしっかりやる。それは仕事をする上での礼儀であり、クライアントより詳しくなっていないと意味がない。でもそのインプットした知識の土壌の上に「だったらいいな」の妄想を芽吹かせることが、僕の役割だ。

単に妄想を野放しにするわけではない。右脳で妄想力を駆使して自由にアイデアを考えたら、そこに勝機があるのか、左脳で冷静にシミュレーションする。また、プロジェクトの遂行にはたくさんのコストがかかるのだから、単に面白いだけではクライアントを説得するのに不十分だ。成功の根拠を論理的に組み立てる必要がある。要は、右脳と左脳を行ったり来たりさせながらアイデアの精度を上げていく。このプロセスが、妄想を具体策にするために欠かせない。

データから論理的に積み上げて考えたアイデアは、訓練を受けたコンサルならおそらく誰でも考えられる（今後、ＡＩが台頭してくるかもしれない）。僕に言わせれば、アイデアとすら言えないしろものだ。そこには驚きも、人を引きつける魅力もあまり感じられない。

はなまるうどんのマーケティングで僕は、予算をかけずにインパクトのある仕掛けをして、何度も成功させてきた。２０１２年に実施した「期限切れクーポン大復活祭」は右脳と左脳のキャッチボールでできた企画だった。

外食チェーンで割引クーポンを販促に活用するのは常套手段だ。けれども、クーポン券をデザインしたり印刷したり配ったりと、当たり前のことだが手間とコストがかかる。ここで僕たちは妄想した。

妄想モーメント

だいたいどんな人の財布の中にあるものをクーポンの代わりに活用できないか?

新しくクーポンをつくって配るのではなく、すでに財布の中にあるものを活用できないかという妄想だ。自分の財布を見てみると、現金やクレジットカードのほかに、様々な店のクーポン券が使われないまま入っている。期限が切れたものも多い。

けれども、僕以外の人も同じなのか。それを証明するため、アンケートをとってみると、財布にクーポンが入っている人は72%にものぼった。そのうちの59%が期限切れクーポンを財布に入れていた。この調査から推計すると、期限切れクーポンの総額は日本全体で年間1兆円にも達する。せっかく割引の権利を得ても行使しない人がいかに多いかという事実を突き止めた。これらは左脳的事実だ。次はいよいよ、右脳の出番だ。

妄想モーメント

だったら世の中すべての期限切れクーポンを引き受けよう

つまり、他社の期限切れクーポンを持ってきてくれたら50円引きします、という前代未聞のキャンペーンを打った。こちらの期待通り、メディアにもたくさん取り上げてもらい、効果は抜群だったのだが、僕自身は腹をくくった企画だった。

期限切れとはいえ、他社が配ったクーポンを勝手に利用させてもらったのだから、発行元からクレームが来るかもしれないと懸念していた（運がいいことに、そうはならなかった）。この企画のビジュアルはアートディレクターの青木克憲さん、コピーライターは小西利行さんにお願いした。やはり一流のメンバーの力があったからこそ、僕らの妄想が形になり、強力な訴求力を発揮することができた。

財布の中にたいていある
期限切れクーポンを活かす！

Production：butterfly・stroke inc.　Client：株式会社はなまる

この翌年には、前年の成功要因を生かして、多くの人の財布の中にあるほかのものを探した。そしてひねり出した企画が、「健康保険証提示でサラダうどん50円引き」だった。はなまるは2013年より「はなまる健康宣言」の取り組みを開始していて、レタス1個分の食物繊維を含む「はなまる食物繊維麺」の提供のほか、「美と健康」をテーマに据えた商品開発を進めていた。それには、女性客にもたくさん来ていただこうという狙いもあった。クーポンの代わりに健康保険証提示というアイデアは、「はなまる健康宣言」をピーアールするのにもうってつけだった。

ただし、健康保険証を利用することについて、国からおとがめがあるかもしれないと思い、公的保険制度を管轄する厚生労働省に電話で確認した。すると、「問題なし」の回答がすぐに来て驚いた。

振り返ってみると、自分で勝手に「無理かもしれない」と予想して妄想を潰してしまうのではなく、たくさんの可能性と危険性を妄想し、それに備えたのが勝因だったと思う。あり得ないことをやってのけるからこそ、ニュースとしての鮮度は抜群であり、予算をかけなくても世の中に勝手に広がっていくパワーがある。そこが妄想の強

健康保険証を「割引クーポン」にする!

Production：butterfly・stroke inc.　Client：株式会社はなまる

さだ。

こんな魅力的でパワフルな企画がデータやＡＩから生まれるだろうか。僕は妄想からでしか生まれないと思う。

どこからでもスタートでき、どこからでもスタートに戻れる

すでに述べたように、29歳のとき、僕が新卒で入社した会社が倒産し、無職になった。いつ何が起こるかわからない。でも、だからこそ、自分にもっとスキルをつけて磨かなくてはならないと実感した。

幸せの神様は不幸の顔をしてやってくると聞いたことがある。だから、ここからまたスタートできると思い、自分ができる仕事を探した。僕が高校、大学でずっとやってきたラグビーの関係者の先輩、仕事の取引先の社長など、様々な方の導きがあってなんとか生き延び、そこからさらなる人のつながりとご縁が広がって、今の僕がいる。

どこからでも、再スタートできる。

僕は心の底からそう思っている。もし、選択が間違っていたと思ったら、どこからでも、何歳になってもやり直せる。

僕は基本的に、後悔はしない。反省はするけれど、後悔とはまったく違う。後悔とは過去に自分がしたことを悔やむことだが、悔やむ暇があったら、なぜそう選択したのかを振り返り、次に生かしたい。これが反省であり、後悔と違って戦略的だ。

人間には無限の可能性がある

僕の好きな言葉に「人間には無限の可能性がある」というのがある。好きな言葉というか、自分を鼓舞するための掛け声みたいなものだけれど、諦めない限り人間の可能性には限界がないということだ。可能性を秘めているのではなく、可能性が「ある」のだ。

親や上司が「あれをやってはいけない」「そんなの無理だろう」「身のほどを考えろ」などと天井をつくってしまうと、その子どもや部下はその天井までしかジャンプできなくなってしまう。そうした言動は、可能性にキャップを被せる行為だ。

人間には無限の可能性がある。失敗しても、挫折してもいい。可能性だけは絶対に消えない。親も含めた指導者や組織のリーダーには、天井や壁をつくらないでほしい。そして、組織のメンバーも、天井があると感じたら、勇気を出してどんどん突破していってほしい。パーパスという軸があり、妄想する力がしっかりあれば、天井なんていくらでも突き破っていける。

自分たちの存在意義は何なのか。自分はどんなことがしたいのか。何のために生きているのか。

それをしっかり考えた人だけが、持って生まれた妄想力を生かして、無限の可能性がある世界を自由自在に泳いでいける。

付　録

妄想力を目覚めさせる本・映画6選

妄想力をもっと高めたいという人のために、お勧めの本と映画を合計6作品ピックアップした。各作品について、特にどういうところを参考にしてほしいか、僕なりのお勧めポイントをまとめたので、参考にしてほしい。

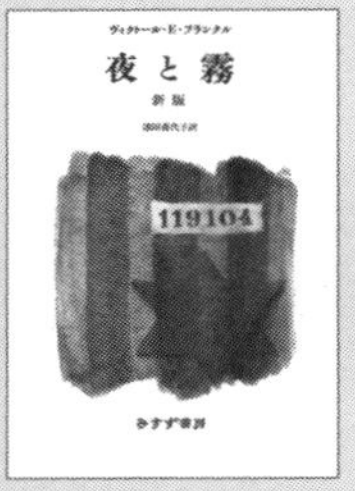

『夜と霧＜新版＞』

ヴィクトール・E・フランクル（著）、池田 香代子（訳）、みすず書房

アウシュヴィッツ強制収容所に投獄され、奇跡的に生還した精神科医である著者の生々しい体験がつづられている。想像を絶する極限的な環境下であっても、「人間はいかに振る舞うかを選択することができる」と教えてくれる。希望や生きがいは、目の前にどんな困難があっても、それを乗り越え、未来を切り開く素晴らしい力を人間に与えてくれる。本書は、僕の信条である「人間には無限の可能性がある」を形づくる基礎になった、まさに人生を変えるきっかけになった作品だ。生きる意味に悩んでいる、自分の人生を変えたい、不安と後悔にとらわれている人にとって価値ある一冊になると思う。

『銃・病原菌・鉄 一万三〇〇〇年にわたる人類史の謎』（上・中・下）

ジャレド・ダイヤモンド（著）、倉骨彰（訳）、草思社

僕の「小学5年生のギモン」に答えてくれた本。昔から「世界はなぜ白人優位なのか？」について、理由がわからずモヤモヤしていた。しかし、本書はこの根源的な問いに対し、世界史、地政学からその理由を解き明かしてくれる。地理的条件など「偶然の積み重ね」によってヨーロッパが優位に立ったことが論理的に説明されていて、腹落ちがした。すべての事象には、それが起きた何らかの理由がある。けれども、その理由と向き合わず、「昔からそうだから」と通り過ぎることがよくある。「小学5年生のギモン」にちゃんと答えられる人が一流なのだと、この本を読んであらためて感じた。

『GIVE & TAKE「与える人」こそ成功する時代』

アダム・グラント（著）、楠木建（監訳）、三笠書房

人は、ギバー（与えることを優先する人）、テイカー（奪うことを優先する人）、マッチャー（与えることと奪うことのバランスを重視する人）のいずれかで、ギバーが成功しやすいことを解き明かした本。実際、自分の周りを見ても、長期的に成功しているのはギバーだ。一時的に成功するテイカーもいるが、だいたい長続きしない。ギバーはすぐに大成しないかもしれないが、その人の志や夢に共感して人が集まってくる。だから、大きな仕事を成し遂げることができる。日本にも「情けは人のためならず」という、良いことわざがある。人に情けをかけるのはその人のためだけでなく、最終的には巡り巡って自分のためになる。

『現代中国の父 鄧小平（上・下）』

エズラ・F・ヴォーゲル（著）、益尾知佐子（訳）、杉本孝（訳）、日本経済新聞出版

『ジャパン・アズ・ナンバーワン』（1979年初版）の著者として名高い社会学者エズラ・ヴォーゲルが、2000年に大学を退職後、10年をかけて研究し、膨大な資料やインタビューなどをもとに書き上げたのが本作だ。「現代中国の父」と呼ばれる鄧小平は、第二次世界大戦後、想像を絶する困難を乗り越え、信念を貫いて国家を創造し、今の中国の基礎を構築した。その途上では、合計で3回失脚し、数々の苦難とひどい裏切りにもあったが、そこでくじけなかったのは、傑出したリーダーシップを支えた叡智と信念、志の力だった。高い理想を掲げて追い求めることの大切さを教えてくれる作品だ。

『マトリックス』

発売元：ワーナー・ブラザース ホームエンターテイメント、販売元：NBC ユニバーサル・エンターテイメント ブルーレイ 2,619 円（税込）／ DVD 1,572 円（税込）

「夢の世界が実話で、現実の世界が虚像」という映画の設定で、虚像の中で空を飛んでいるシーンがある。虚像だから空を飛べている。であれば、現実の世界が虚像だと妄想すれば、自分は空を飛べるのではないか——。こんなふうに、現在、過去、未来という時間軸と、現実と夢、そしてテクノロジーという三つの視点を自由に行き来できると、新しい発想につながりやすい。「妄想力」とも重なり合う。

『ペイ・フォワード』

発売元：ワーナー・ブラザース ホームエンターテイメント、販売元：NBC ユニバーサル・エンターテイメント DVD 1,572 円（税込）

社会科の先生から、「もし君たちが世界を変えたいと思ったら、何をするか？」と言われた主人公の少年トレバー。母親はアル中、近所にはホームレスがたむろしている。彼は、自分の周りにいるそんな人々を思い描き、ある考えを思いつく。それは、他人に好意を贈る「ペイ・フォワード」という行動だった。書籍のところで紹介した『ＧＩＶＥ ＆ ＴＡＫＥ』と同じ主張で、「利他の精神」が社会をいい方向に変えていき、その先には自己実現があることを教えてくれる。

おわりに

なぜ僕は、鬼退治（社会の課題解決）に行くのだろう？

それは過去の経験で、鬼ヶ島での闘いのような絶体絶命の状況を何度も乗り切った経験があるからかもしれない。ある意味、怖いものはない。僕は難しい問題にぶち当たると、無性にワクワクしてしまう。なんとか攻略してやろうと、いろんな妄想を巡らせる。答えのない難題に勇気を持って挑むことで、なんなら世の中を一歩前進させたいとすら考えている。この冒険に挑むワクワク感を皆さんと共有したくて、この本の執筆は始まった。

妄想は力だ。

そして勇気であり、責任である。

考えても答えが出ない難問だらけの現代において、妄想こそが、新しい道を切り開き、強力に一点突破し、一気に全面展開へと導く鍵になると信じている。

妄想力は誰でも持っている。ただ、それに蓋をしてしまっている人がほとんどだ。それが残念でならない。この本を読んで、封印された妄想力をぜひ解き放ってほしい。そうすれば、チームのみんなが幸せになり、世の中が幸せになり、自分も楽しい。そんな妄想力を、一人でも多くのビジネスパーソンが身につけ、存分に発揮できるようになることを願っている。

今日まで僕に深い愛を降り注いでくれた両親、兄弟、恩師の原田翻誌先生、谷口淳一先生、常に支えてくれている妻浩子、娘のひらりとはんなに感謝している。最後になりましたが、本書の出版に際して、日経ＢＰの沖本健二さんのお力なくしては到底実現できなかった。感謝申し上げます。

□ 著者紹介

田中安人

Yasuhito Tanaka

グリッドCEO、吉野家CMO（チーフ・マーケティング・オフィサー）、近年はスタートアップ支援、IPOサポートも手がける。京都市生まれ。1989年大学卒業後、八百半デパート（後にヤオハンジャパンに社名変更）に入社。広告制作会社を経て、2002年に広告代理店を起業。2010年マーケティング関連のコンサルティングを手がけるグリッドを設立。2017年吉野家CMOに就任。HR（人事）、IR、経営戦略、海外戦略、マーケティング、スポーツマーケティング、ベンチャー投資、アドバタイジング・エージェンシーなどでの幅広い経験から、多くの企業のアドバイザーを歴任する。高校、大学時代はラグビーに没頭。企業向けコンサルティングのほか、日本スポーツ協会（JSPO）ではブランド戦略委員会委員、フェアプレイ委員会選考委員長なども務める。

妄想力
答えのない世界を突き進むための最強仕事術

2023年11月6日　第1版第1刷発行

著　　者　田中 安人
発 行 者　中川 ヒロミ
発　　行　株式会社日経BP
発　　売　株式会社日経BPマーケティング
〒105-8308
東京都港区虎ノ門4-3-12
https://bookplus.nikkei.com/
ブックデザイン　山之口 正和＋齋藤 友貴（OKIKATA）
DTP・制作　河野 真次
編集担当　沖本 健二
印刷・製本　中央精版印刷株式会社

ISBN 978-4-296-00166-8

本書籍に関するお問い合わせ、ご連絡は下記にて承ります。
https://nkbp.jp/booksQA